DIE NEUE SMOKER KÜCHE

TOM HEINZLE

DIE NEUE SMOKER KÜCHE

GRILLEN ★ SMOKEN ★ RÄUCHERN

FOTOS: MARKUS GMEINER

HEEL

REZEPTE

INHALT

Die Hauptsache 92

Ende gut, alles gut 170

Gewürzmischungen

KEIN VORWORT – EINE HULDIGUNG

Man sieht sie immer häufiger hier und da in einem Garten stehen: Wuchtige Smoker aus schwarz lackiertem Stahl, manchmal als klassisches Modell oder auch den Chuckwagon mit Räucherturm. Ganz egal, ob in 16, 20 oder 24 Zoll – sie gehören zur Ausstattung des ambitionierten Grillers.
Für all diejenigen, deren Garten oder Geldbeutel etwas schmaler ist, eignet sich der Watersmoker. Und für Individualisten auf der Suche nach dem goldenen Ei wird es ein Kamadogrill werden. Irgendwann kommen alle Grillbegeisterten zu dem Punkt, nur noch „low und slow" arbeiten zu wollen.

Viele Gespräche, nicht nur während meiner Grillseminare, drehen sich um die Frage, welche Grillgeräte die Leute bevorzugt benutzen und warum. Viele starten mit dem Kugelgrill und wechseln nach ein paar Jahren zu Gasgeräten.
Der nächste logische Schritt ist dann der BBQ-Smoker oder ein Watersmoker. Sicherlich hat das etwas mit der spürbaren Entschleunigung und der Ursprünglichkeit zu tun, die man beim Low-and-Slow erfährt und die unglaublich entspannend sein kann.

Ich wünsche Euch viel Spaß beim Lesen und Ausprobieren,

Tom

BBQ! BBQ? GIBT'S DA NICHT NOCH MEHR?

Das klassische BBQ, das wir kennen, ist schon vor einiger Zeit aus den Staaten, der Wiege der Smoker-Kultur, zu uns herübergeschwappt. Brisket, Pulled Pork, Ribs in allen Variationen, über viele Stunden bei indirekter, niedriger Hitze im Smoker zart gesmokt. Mit rauchiger BBQ-Sauce veredelt, bekommt man die Klassiker in unzähligen BBQ-Lokalen serviert, die wie Pilze aus dem Boden schießen. Bei vielen Grillfesten ist es selbstverständlich, dass klassische BBQ-Gerichte auf dem Teller landen. Leider kann man aber nicht verleugnen, dass alles, was vom Smoker kommt, im Extremfall doch ziemlich ähnlich schmeckt. Sicherlich wird der eine oder andere an dieser Stelle die Nase rümpfen, wenn wir ehrlich sind, dann verhält es sich aber genau so ... Wer anfängt, mit Rauch zu arbeiten, weiß um die Herausforderung der richtigen Dosierung. Die Premiere mit dem neuen Grillspielzeug ist für die meisten Familienmitglieder meist ernüchternd, denn oft ist beim ersten Ausprobieren der Rauchgeschmack viel zu dominant. Das kann zwei Gründe haben: Zum einen liegt es möglicherweise an der Holzsorte, meist ist jedoch der Dauereinsatz des Holzes die Ursache.

DIE „DREIFALTIGKEIT“

Wir finden bei unserem Metzger oder Fleischfachhändler verschiedene Fleischsorten in bester Qualität, wie Alte Wutz, Grand Mu, Wagyu dry aged oder klassisch gereift. Lamm, Geflügel aus Freilandhaltung und dazu im Bioladen bestes Gemüse und Obst frisch vom Feld oder direkt vom Baum. Ich habe viel ausprobiert und inzwischen meinen Weg gefunden. Für mich kommt es immer auf den Gesamteindruck an, den das Gericht am Gaumen hinterlässt. Mir ist es wichtig, dass Rauch, Eigengeschmack und Gewürz eine Symbiose eingehen, praktisch eine „Dreifaltigkeit“ bilden, denn ich finde es schade, wenn eine tolle Fleischqualität und außergewöhnliche Gewürzmischungen komplett von Rauch überlagert sind.

ESSKULTUR

Ich sehe wesentliche Unterschiede zwischen unserer Esskultur und derjenigen in den Staaten. Bei uns hat gutes Fleisch einen ganz anderen Stellenwert. Nach ungezählten Fleischskandalen und ständig präsenten Fotos von Massentierhaltung entwickelt sich bei uns ein verändertes Bewusstsein zum Fleisch und dessen Herkunft. So liegt es für mich auf der Hand, Fleisch mit dem Respekt zu behandeln und zu verarbeiten, den es verdient.

AUF ZU NEUEN UFERN

Ich bin fest davon überzeugt, dass der Smoker einen weit größeren Einsatz- und Wirkungsbereich hat, als die meisten vermuten. Bei Veranstaltungen treffe ich häufig gute Köche, die verblüfft sind von der Qualität und dem Geschmack meiner Gerichte aus dem Smoker. Wichtig ist dabei ein ordentlicher Schuss Kreativität, Mut und Offenheit, sich zu neuen Ufern aufzumachen.

Immer mehr Köche werden den Smoker – in welcher Form auch immer – für sich entdecken, da bin ich sicher. Und je subtiler und ausgereifter sich die Beschäftigung und das Experimentieren mit Raucharomen entwickelt, desto näher rückt der Tag, an dem der gezielte Einsatz von Rauch auch in der gehobenen Gastronomie Einzug halten und sich dort etablieren wird.

HOLZ ODER KOHLE – DIE GROSSE FRAGE

Zur Erzeugung der Grundwärme im Smoker benutze ich Kohle aus Kokosnussschalen oder aus Bambus. Diese Art von Kohle ist natürlich, enthält keinen Schwefel und ist dadurch geschmacksneutral. Um die oben genannte „Dreifaltigkeit“ zu erreichen, arbeite ich am liebsten mit Chunks oder Spänen, die aus verschiedenen Holzsorten hergestellt werden. Den Smoker beheize ich nur dann ausschließlich mit Holz, wenn ich das Gargut nach einer gewissen Zeit einpacke, um es so vor Rauch zu schützen. Alle Rezepte in diesem Buch bauen auf dieser Art des Smokens auf.

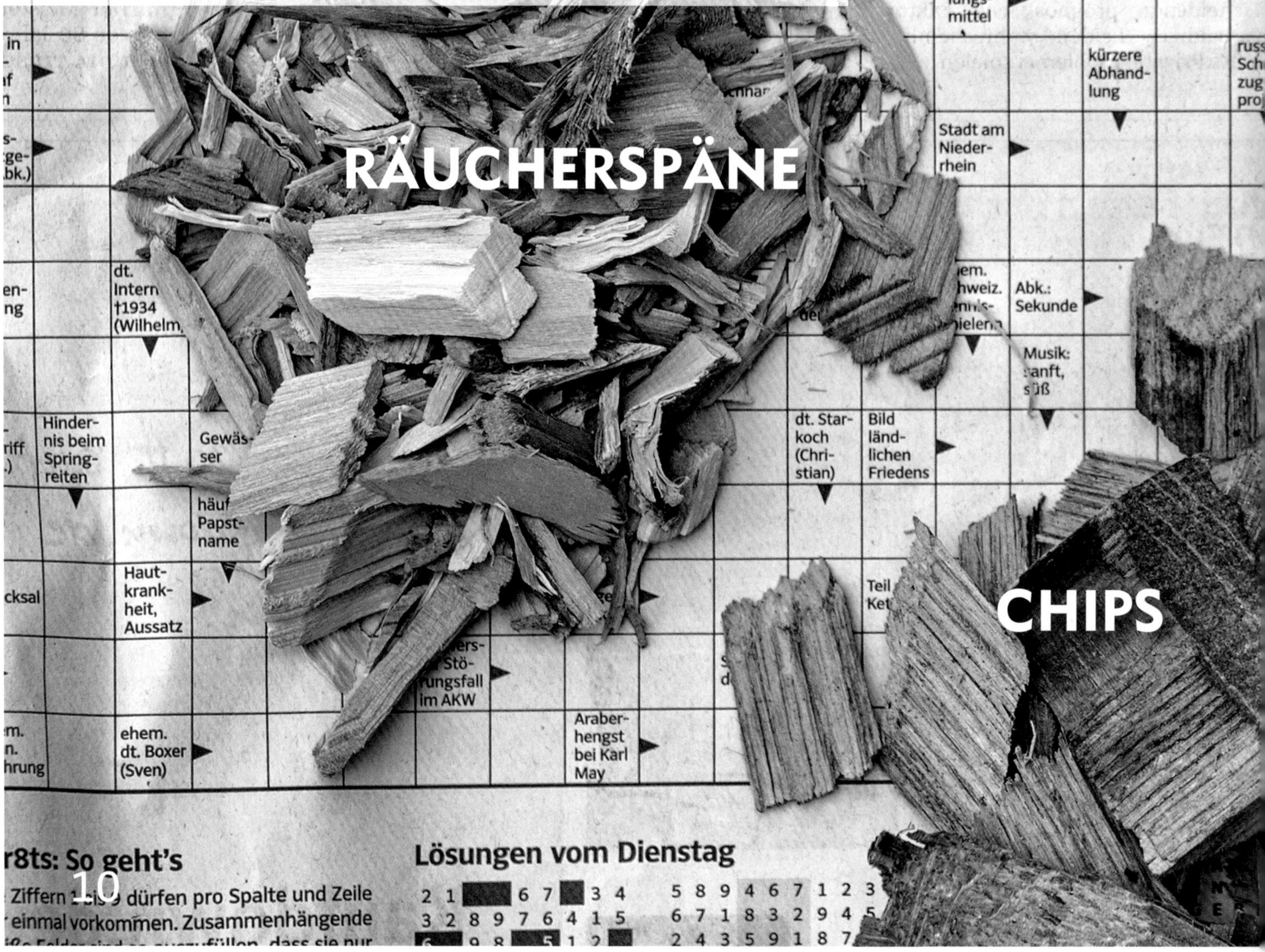

CHUNKS

DIE WAHL
DES PASSENDEN HOLZES

Ich bin der Meinung, dass helles Holz zu hellem Fleisch und zu hellen Früchten und Gemüsesorten und entsprechend dunkles Holz zu dunklem, kräftigem Fleisch und auch zu dunklen Früchten und Gemüsesorten passt. Das Kochen nach Farben ist eine beliebte Facette der Zubereitung von Speisen. Ich war selbst schon einmal bei einer einzigartigen Köchin aus der Schweiz, die das so praktiziert, und war völlig überrascht von ihrer Kochkunst nach Farben. Das mag nun einen Hauch Esoterik verbreiten – stimmt aber zu 100 %.
Es wird bei den Rezepten im Buch immer darauf hingewiesen, welches Holz in welcher Form verwendet wird. Wichtig ist aber, dass es unbedingt Harthölzer sind.

ROAST'N ROLL

REZEPTE UND **HILFSMITTEL**

Ich benutze meinen BBQ-Smoker wie eine Außenküche, arbeite also sowohl mit dem Garraum als auch mit der Sidefirebox. Hierbei kommen zahlreiche Hilfsmittel zum Einsatz, wie beispielsweise Gussplatten, ein Feuerwok (ein Wok wie er in der asiatischen Küche verwendet wird) und natürlich auch der Dutch Oven. Selbstredend, dass bei meinem Chuckwagon auch der Räucherturm genutzt wird.

Die Rezepte in diesem Buch sind, wenn nicht anders angegeben, für 4 Personen gedacht.

DER BBQ-SMOKER

Man unterscheidet zwischen dem Barrelsmoker und dem sogenannten Chuckwagon. Der Barrelsmoker besteht aus einer Sidefirebox, einem Garraum (Pit) und einem im Durchmesser verhältnismäßig kleinen Kamin.

Beim Chuckwagon ist statt des Kamins eine Rauchkammer angebaut, die denselben Durchmesser hat wie der Garraum. In der Rauchkammer befinden sich mehrere Ablagen und eine Querstange, um Räuchergut aufzuhängen.

Normalerweise haben BBQ-Smoker herkömmlicher Hersteller eine Wandstärke von mindestens 5 mm. Mit dieser Wandstärke ist der Smoker bei richtiger Pflege praktisch unverwüstlich und wird den Besitzer das ganze Leben begleiten. In der sogenannten Sidefirebox kann entweder mit Kohle oder Holz gearbeitet werden.

DER KAMADO – **KERAMIKGRILL**

Für mich ist der Kamadogrill auch eine Art Smoker. Durch seine dicke Keramikwand eignet er sich sehr gut für sogenanntes Low and Slow. Mit seiner eingebauten Räucherklappe (je nach Modell) kann man Räucherspäne einsetzen, um das Grillgut zu aromatisieren.

Im Kamado kann mit Temperaturen von 80–450 °C gearbeitet werden. Dieses große Spektrum ermöglicht einen breiten Einsatz wie man ihn praktisch bei keinem anderen Gerät hat. Von BBQ über Räuchern, klassisches Grillen, der Zubereitung von Flammkuchen, Pizza oder Brot – hier gibt es kaum eine Grenze. Als Brennstoff benutzen wir nachhaltige Holzkohle, die den Vorteil hat, dass wir die Temperatur perfekt über die Lüftungsklappen regeln können.

Auch der Kamado kann bei richtiger Pflege ein treuer Begleiter über viele, viele Jahre werden.

DER **WATERSMOKER**

Der Watersmoker ist besonders bei Einsteigern sehr beliebt, bietet er doch für wenig Geld richtiges BBQ-Feeling. Diese Geräte haben eine Räucherkammer mit 2 Rosten und einer Wanne, in die entweder Flüssigkeit (Wasser, bzw. aromatisiertes Wasser) oder Steine gefüllt werden, um die Temperatur konstant zu halten. Wenn ich Steine verwende, benutze ich Aquariumkies, den ich mit Backpapier vor dem herabtropfenden Fett schütze.

In der Regel ist im Deckel eine Querstange angebracht, an der Räucherware aufgehängt werden kann. Der Watersmoker wird mit Kohlebriketts befeuert und kann bei richtiger Dosierung problemlos über 15–20 Stunden ohne Nachfüllen von Brennmaterial betrieben werden.

80
100
120
140
160
180
JOE's

BAR-B-Q
JOE'S
BARBECUE SMOKER
SMOKING
GRILLING
°C
10 20 40 60 80 100 120 140 160 180 200 220 240 260

TIERHALTUNG – **EINSTELLUNG ZUM FLEISCHKONSUM**

Zu oft haben wir schon Bilder gequälter Tiere, verschmutzter Ställe oder verantwortungsloser Tiertransporteure gesehen. Man kann daraus aber auch andere Schlüsse ziehen, als sich der wachsenden Schar der Vegetarier anzuschließen. Wenn wir die Lebensqualität der Tiere verbessern wollen, müssen wir bereit sein, für eine verantwortungsbewusste Landwirtschaft einzustehen. Wir müssen Bauern unterstützen, die ihr Vieh lieben und sorgsam mit ihm umgehen und ihren Tieren eine Umgebung bieten, in der gutes Fleisch heranwachsen kann. Tiere, die mehr Platz haben, weniger Stress beim Transport, hochwertiges Futter und keine künstlichen Leistungsförderer oder gar prophylaktische Antibiotika bekommen, sind zufriedener, ruhiger und haben deutlich weniger Stress, was sich auch im Geschmack niederschlägt.

FLEISCHREIFUNG

Ein weiterer wichtiger Punkt neben der Herkunft und Haltung der Tiere ist die Reifung des Fleisches nach der Schlachtung. Es benötigt Zeit, um zart und aromatisch zu werden. Schwein und Geflügel braucht einige Tage, Rind sogar Wochen, um eine perfekte Konsistenz zu bekommen. Grundsätzlich muss man sagen, dass es handwerkliches Fingerspitzengefühl und Leidenschaft erfordert, um Produkte „auf den Punkt“ zu reifen.

Für die Reifung stehen uns nun verschiedene Möglichkeiten zur Verfügung. Hier ganz kurz die wichtigsten:

Traditionelle Reifung

Man lässt das Fleisch einige Tage im Kühlhaus hängen und gibt ihm, je nach Teilstück, unterschiedlich viel Zeit, bis man es verkauft. Für Suppenfleisch, Gulasch, Hack und auch Braten passt das. Für richtig zarte Steaks fehlt es an der Zeit, die die Muskulatur benötigt, um ihre Struktur so zu verändern, dass der Steakkenner in Verzückung gerät.

Nassreifung (Wet aging)

Nach Erfindung des Vakuumgerätes war diese Methode eine elegante Variante, Fleisch haltbar zu machen und es damit gleichzeitig schonend zu reifen. Logistisch sauber, stapelbar, etikettierbar und effizient zu lagern, ist diese Methode die verbreitetste, um Fleisch zu lagern und zu reifen. Allerdings erkaufen wir uns damit einen Nachteil: Fleisch verliert beim Reifen Saft. Dieser Saft ist säuerlich und bewirkt während der langen Lagerzeit im Beutel, dass auch das Fleisch säuerlich, ja sogar leicht metallisch schmeckt.

Trockenreifung (Dry aging)

Das wohl aufwendigste und damit auch kostenintensivste der drei Verfahren. Fleisch, insbesondere der Rücken von Rindern, wird über einen Zeitraum von rund 4 Wochen, teilweise sogar bis zu 10 Wochen, trocken im Kühlhaus am Knochen gelagert. Dabei ist ein Gewichtsverlust von 30–40 % zum verkaufsfertigen Produkt keine Seltenheit. Die trockene Reifung verleiht dem Fleisch eine nussige, leicht nach Gorgonzola schmeckende Note und eine Zartheit, die ihresgleichen sucht.

ZUSCHNITTE

Die deutschen oder österreichischen Metzger zerlegen ihr Tiere in der Regel nach der sogenannten DFV-Schnittführung (DFV – Deutscher Fleischer-Verband). Daher sind den Metzgern manche Schnitte, die bei Grillern so beliebt sind, nicht geläufig. Die spanischen, französischen oder amerikanischen Metzger zerlegen ihre Tiere anders und erhalten somit Stücke, die bei uns (noch) unbekannt sind. Die Ursache hierfür liegt darin, dass wir große „Wurstmacher“ sind und seit jeher eine Menge an Verarbeitungsfleisch benötigen, während, z. B. Spanier versuchen, ihre Tiere möglichst umfänglich über die Theke zu vermarkten.

Einige Schnitte und deren „Herkunft“

Spareribs

Hier unterscheiden wir hauptsächlich zwischen den Baby Back Ribs, den St. Louis Ribs und den Rib Tips.

Baby Back Ribs

Sie werden bei uns auch als Kotelettrippen oder Leiterchen bezeichnet. Sie entstehen beim Abschälen des Koteletts, sind also die Rippen, die der Wirbelsäule am nächsten sind. Sie sind meist „knochiger“ als die St. Louis Ribs und benötigen daher in der Regel auch eine kürzere Garzeit. Das Abziehen der Silberhaut (Knochenhaut) sollte in jedem Fall erfolgen.

St. Louis Ribs

Sie werden aus den Rippen des Schweinebauchs geschnitten, und zwar so, dass man den Knorpel am Bauch belässt und die Rippen mit etwas Fleisch daran abschält. Auch hier sollte die Silberhaut entfernt werden.

Rip Tips

Für die günstigste Ribs-Variante werden einfach die Knorpelreihen genommen, an denen Fleisch belassen wird. Sie sind sehr saftig, haben aber nicht die klassische Form von Ribs.

Boston Butt
Ein Schnitt für klassisches Pulled Pork, bestehend aus der Schulter und einem Teil des Nackens.

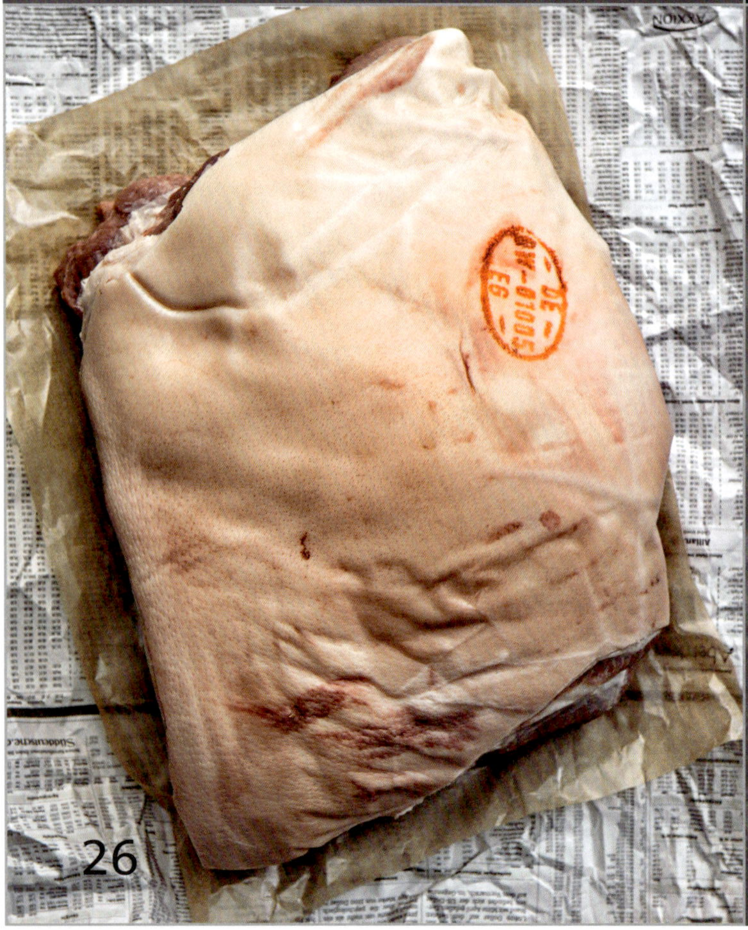

Alte Wutz® (ohne Abbildung)
Dry-aged-Schweinekotelett vom Schwäbisch-Hällischen Landschwein. Das Aroma ist etwas ganz Besonderes und Unbeschreibliches. Medium rare gegrillt, gepaart mit einem sogenannten „flame kiss“ ist es für mich mit Abstand das beste Stück vom Schwein. Seine Nussigkeit und der Schmelz des kernigen Fettrandes sind sensationell. Der Name „Alte Wutz“ ist geschützt und darf nur durch die Metzgerei Brath in Karlsruhe vertrieben werden.

Flank

Das Flank ist DAS Trendprodukt schlechthin. In Amerika längst Legende und in Frankreich als kleines Bavette ein völlig normales Teilstück, ist es in Deutschland noch recht unbekannt. Es wird aus dem „Lappen" des Hinterviertels geschnitten und sitzt nahe an der Keule. Sein Fleisch ist, vorausgesetzt man schneidet es gegen die Faser, zart, aromatisch und hat einen sehr kräftigen, fleischigen Geschmack. Eine Abhängezeit von mindestens 3 Wochen ist Voraussetzung.

Flat Iron

Das Flat Iron wird aus dem Mittelstück der Schulter geschnitten. Es ist auch als Bugblatt, Schaufelstück, Schulterscherzel oder Blade bekannt. Man erhält, wenn man vom Bugblatt das sehnigere Drittel des Stückes abschneidet und den Rest der Sehne entlang in zwei Teile trennt, nach dem Parieren zwei wunderbare Fleischstücke. Diese sind nicht nur ausgesprochen zart – eine ausreichende Reifung ist hier natürlich auch erforderlich – sie haben auch einen sehr kräftigen, ausdrucksstarken Fleischgeschmack.

Brisket

Für das Brisket wird die Rinderbrust ohne Knochen verwendet. Sie sollte möglichst viel eingelagertes Fett enthalten, es muss ein kerniges Stück sein und darf beim Kauf ruhig auch eine kräftige Fettauflage haben. Fleisch, das intramuskulär marmoriert sein soll, muss zwangsläufig auch etwas mehr Deckfett haben. Wenn man das ganze Rinderbruststück nimmt, spricht man von einem Full Packer Brisket. Man unterteilt die Brust dann in das dickere Brustspitzenstück „Point" und das flache „Flat".

VORNEWEG & ZWISCHENDURCH

SALZAPFEL

4 süße Äpfel, entkernt und in kleine Würfel geschnitten
2 TL Fenchelsamen
200 g Meersalz
1 Glas mit Deckel, etwa 2 l Fassungsvermögen

2 l Wasser zum Kochen bringen und das Salz darin auflösen. Die Äpfel mit dem Fenchel vermischen und in das Glas füllen. Nun das kochende Wasser dazugeben und das Glas gut verschließen. An einem kühlen Ort ungefähr 3 Wochen durchziehen lassen.

Salzzitronen und Salzorangen benutze ich sehr gerne und regelmäßig. Auf der Suche nach etwas Neuem habe ich eine sommerliche Variante einer fruchtig-salzigen Mischung zu einem marinierten Fisch ausprobiert: Apfel und Salzwasser, abgerundet mit Fenchelsamen – eine wirklich außer-gewöhnliche Kombination.

ANGERÄUCHERTES SAIBLINGSTATAR MIT SALZAPFEL

- 2 Saiblingsfilets, ganz frisch
- 1 Zitrone, Saft
- ½ TL Meersalz
- 2 EL Olivenöl
- 8 EL Salzapfel (Rezept S. 32)
- 4–6 Zweige Thymian
- 1 Holzbrettchen bzw. Räucherbrett
- 1 Handvoll Apfelholzspäne

Die Haut der Fischfilets entfernen und den Fisch fein schneiden. Mit dem Zitronensaft beträufeln, salzen und alles gründlich vermischen. Nun zuerst den Fisch auf dem Brettchen verteilen, dann den Thymian darüber geben und im Smoker mit den Apfelholzspänen bei etwa 60 °C 10 Minuten räuchern. Anschließend auf den Salzäpfeln anrichten und mit etwas Olivenöl verfeinern.

LÄNDLICHES SURF & TURF

2 Scheiben Blutwurst zum Kaltverzehr, ca. 2 cm dick
2 EL Meerrettich, gerieben
2 EL Orangenzesten
3 Zanderfilets
1 EL Zitronenabrieb
4 Tortillas
Salz & Pfeffer
2 Apfel-Chunks oder 2 Handvoll Apfelholzspäne

Die Blutwurst und die Zanderfilets im Smoker bei 80 °C ca. 10–12 Minuten mit Apfelholz anräuchern.
Die angeräucherte Blutwurst zusammen mit der Hälfte des Meerrettichs mit dem Pürierstab zerkleinern, dann ca. 5 mm dick auf 2 Tortillas streichen und einrollen. Bei direkter Hitze in der Sidefirebox rundum knusprig grillen. Aufschneiden und mit dem restlichen Meerrettich und den Orangenzesten servieren.
Die Haut des Zanders entfernen und den Fisch zusammen mit dem Zitronenabrieb pürieren. Mit Salz und Pfeffer würzen, ca. 5 mm dick auf 2 Tortillas streichen und einrollen. Bei direkter Hitze in der Sidefirebox rundum knusprig grillen und aufschneiden.

Bei uns in Österreich nennt man sie Blunze, in Deutschland ist sie als Schwarzwurst, Flönz oder einfach als Blutwurst bekannt. In Ostösterreich isst man sie häufig zu einem guten Glas Weißwein beim Heurigen. Durch meine Mutter habe ich eine Verbindung dorthin und schätze die Blunze sehr. Da lag es auf der Hand, ein ländliches Surf & Turf auszuprobieren, eines ganz ohne Schischi und nur mit heimischen Zutaten. Das Gericht kommt immer super an – auch wenn viele Leute zunächst skeptisch sind wegen der Blutwurst …

GERÄUCHERTER LANGUSTENSCHWANZ MIT TRÜFFELSAHNE

1 Langustenschwanz, roh, geschält
125 ml Sahne
2 EL Trüffelöl
2 EL Fischgewürz, (Rezept S. 190)
2 Ahorn-Chunks oder 2 Handvoll Ahornspäne
Gourmet-Whip

Den Langustenschwanz 1 Stunde in einer Mischung aus 1 ½ Litern Wasser und dem Fischgewürz einlegen. Den Kamadogrill oder den Smoker auf 100 °C einstellen und den Hummer 25 Minuten mit Ahornholz räuchern. Die Sahne und das Trüffelöl im Gourmet-Whip mit 2 Kapseln aufschäumen. Den Langustenschwanz in Scheiben schneiden und mit der Trüffelsahne servieren.

Ein tolles Beispiel, wie man mit ganz wenigen, hochklassigen Zutaten einen richtigen Hingucker vom Grill macht. Da wird auch der Gaumen Augen machen …

RAUCHIGE AUSTERN VOM SMOKER

- 4 frische Austern
- 2 EL Krabbenschwänze
- 1 EL Butter
- 6 EL Sahne
- 1 EL Kerbel, fein gehackt
- 1 Mesquite-Chunk oder 1 Handvoll Mesquitespäne

Die Austern mit Hilfe eines Austernmessers und eines Schutzhandschuhs öffnen, die Krabben auf einem feinen Gitter bei 80 °C etwa 10–12 Minuten im Smoker anräuchern. In einem kleinen Dutch Oven die Butter und die Sahne erwärmen, den gehackten Kerbel und die angeräucherten Krabben dazugeben. Mit einem Löffel über die Austern verteilen, damit diese kurz anziehen und nicht mehr ganz roh sind.

Bei Austern gehen die Meinungen sehr auseinander. Die einen lieben, die anderen hassen sie. Als ich zum ersten Mal klassische Austern, also mit Zitrone, probiert habe, fand ich sie zwar sehr gut, ich wollte aber trotzdem eine Variante vom Grill zubereiten. Für Austernskeptiker ist diese Version ein etwas abgeschwächter Einstieg in die Welt dieser äußerst köstlichen Meeresbewohner.

Teflonbeschichtete, feine Grillgitter gibt es im Grillfachhandel. Man kann sie auf die benötigte Größe zuschneiden.

Das Flat Iron ist einer meiner Lieblingsschnitte. Mit etwas Geschick bekommt man aus einem eher preiswerten Fleisch – dem Schulterscherzel, wie man es bei uns in Österreich nennt, oder Schaufelstück, wie es in Deutschland heißt – ein tolles Endprodukt. Das Flat Iron schneidet man aus dem langgezogenen, dünnen Teil. Aber auch der mit Knorpel durchzogene dicke Teil lässt sich sehr gut verwenden. Ich mache daraus gerne ein Beef Stew (Rezept Seite 104), das durch genau diese Knorpel bei längerem Garen eine schön sämige Konsistenz bekommt.

FLAT IRON IM BAGUETTE

1 Schaufelstück/Bugblatt
8 EL BBQ-Sauce (Rezept S. 192)
3 Handvoll gemischter Salat, z. B. Rucola oder Baby-Spinat
½ rote Paprika, fein gewürfelt
1 weiße Zwiebel, in feine Ringe geschnitten
2 frische Baguettes
1 TL grobes Salz
1 EL Tellycherry Pfeffer, grob gemörsert
Buchenholz für die Sidefirebox

Den breiten Teil des Fleisches abtrennen, bis kein Knorpel und keine Sehnen mehr sichtbar sind, in Würfel von etwa 2–3 cm Kantenlänge schneiden und für das Beef Stew (Seite 104) zur Seite legen. Nun entlang der flachsigen Sehne das Oberteil ablösen. Anschließend die Sehnen vom unteren Teil ablösen. Das Fett abschneiden und ebenfalls für das Beef Stew zur Seite legen. Das Fleisch mit etwas Olivenöl einreiben und leicht salzen. In der Feuerbox des Smokers 2–3 Minuten von beiden Seiten grillen. Anschließend im Garraum mit Einsatz von Rauch bei ca. 80 °C 6–8 Minuten nachziehen lassen.
Die BBQ-Sauce mit den Paprikawürfeln vermischen. Die untere Seite des aufgeschnittenen Baguettes zuerst mit dem gewaschenen Salat, dann mit dem quer zur Faser aufgeschnittenen Fleisch belegen. Mit Salz und Pfeffer würzen, mit der BBQ-Sauce bestreichen und mit den Zwiebeln garnieren. Deckel drauf und am besten mit einem kühlen Pale Ale genießen.

Das äußerst köstliche Brot zum Rezept und auch die anderen Brote in diesem Buch stammen vom „Artisan“ Peter Kapp.

PULLED-PORK-ROLLE

200 g Pulled Pork (Rezept S. 110)
4 Tortillas
1 reife Avocado
½ TL Koriander, fein gehackt
½ TL Chili, fein gehackt
½ TL Salz
½ TL Pfeffer
½ Zitrone, Saft
½ Zwiebel, in feine Ringe geschnitten
4 Bambusspieße

Das Fruchtfleisch aus der Avocado lösen, mit einer Gabel zerdrücken und mit dem Salz, dem Pfeffer, dem Koriander, der Chili und dem Zitronensaft vermischen. Anschließend dünn auf den Tortillas verstreichen. Das Pulled Pork und die Zwiebel auf der Avocadocreme verteilen, die Tortillas zusammenrollen und mit einem Spieß sichern. Bei hoher, direkter Hitze in der Sidefirebox rundum knusprig grillen. Den Spieß entfernen, die Rolle in der Mitte mit einem schrägen Schnitt teilen und servieren.

Dieses Rezept ist eine wunderbare Verwertung für Pulled-Pork-Reste. Das eigentliche Pulled-Pork-Rezept finden Sie auf Seite 110.

ANGERÄUCHERTES RINDERTATAR

1 Filetkopf, in etwa 2 cm dicke Scheiben geschnitten
50 g Bergkäse, 24–30 Monate gereift
Minisalat
1 Zitrone, Saft
Olivenöl
Pfeffer & Salz
Buchenholz für die Sidefirebox

Das Fleisch bis zur Mitte kreuzweise einschneiden und im Holzrauch bei 80 °C 10 Minuten aromatisieren. Den Salat mit Olivenöl und dem Zitronensaft vermischen. Mit Salz und Pfeffer abschmecken. Das Fleisch aus dem Smoker nehmen und auf der nicht eingeschnittenen Seite bei hoher Hitze 2 Minuten in der Sidefirebox grillen. In feine Würfel schneiden und auf dem Salat servieren. Mit Salz, Pfeffer und Olivenöl würzen, mit gehobeltem Bergkäse garnieren.

GERÄUCHERTE BLUTWURST MIT APFEL

4 Scheiben Blutwurst, ca. 1 ½ cm dick
4 Apfelscheiben, ca. ½ cm dick
je 1 EL Frühlingszwiebeln, Petersilie, Kerbel
und Kresse, fein gehackt
1 TL Meerrettich, gerieben
½ TL Salz
½ TL Pfeffer, gemahlen
2–3 EL Olivenöl
1 Holzbrettchen (z. B. Olivenholz)
Buchenholz

Die Apfelscheiben auf das Brettchen und die Blutwurstscheiben auf die Äpfel legen. Das Ganze im Smoker bei 120 °C 30 Minuten smoken. Die Kräuter mit dem Olivenöl und dem Meerrettich verrühren und mit Salz und Pfeffer abschmecken. Das Brettchen aus dem Smoker holen und die grüne Sauce großzügig auf der Blutwurst verteilen.

GERÄUCHERTE PAPRIKA-GAZPACHO

- 4 rote Paprika
- 1 TL Rosmarin, fein gehackt
- 1 TL Thymian, fein gehackt
- 1 Knoblauchzehe, fein gehackt
- 1 TL Salz
- 1 TL Pfeffer
- 2 EL Olivenöl
- 400 ml Gemüsefond
- 5 EL Naturjoghurt
- Buchenholz für die Sidefirebox

Die Paprika halbieren, entkernen und auf dem Smoker bei 120–130 °C 30 Minuten smoken. Danach in kleine Stücke schneiden und zusammen mit dem Fond, dem Knoblauch und den Kräutern pürieren. Das Ganze durch ein Sieb streichen und das Joghurt mit dem Pürierstab unterrühren. Mit Olivenöl, Salz und Pfeffer abschmecken. Vor dem Servieren mindestens 2–3 Stunden kühlen.

GERÄUCHERTE GURKEN-GAZPACHO

- 1 Salatgurke
- 1 ½ TL Dill
- ½ TL Bohnenkraut, fein gehackt
- 1 Knoblauchzehe, fein gehackt
- 1 TL Salz
- 1 TL Pfeffer
- 2 EL Olivenöl
- 400 ml Gemüsefond
- 5 EL Naturjoghurt
- Buchenholz für die Sidefirebox

Die Gurke schälen, halbieren, entkernen und auf dem Smoker bei 120–130 °C 30 Minuten smoken. Danach in kleine Stücke schneiden und zusammen mit dem Fond, dem Knoblauch, dem Bohnenkraut und dem Dill pürieren. Das Ganze durch ein Sieb streichen und das Joghurt mit dem Pürierstab unterrühren. Mit Olivenöl, Salz und Pfeffer abschmecken. Vor dem Servieren mindestens 2–3 Stunden kühlen.

GERÄUCHERTE TOMATEN-GAZPACHO

4 große Tomaten
1 EL Basilikum, fein gehackt
1 TL Salz
1 TL Pfeffer
2 EL Olivenöl
400 ml Gemüsefond
5 EL Naturjoghurt
Buchenholz für die Sidefirebox

Die Tomaten halbieren, das Kerngehäuse entfernen und auf dem Smoker bei 120–130 °C 30 Minuten smoken. Danach in kleine Stücke schneiden und zusammen mit dem Fond und dem Basilikum pürieren. Das Ganze durch ein Sieb streichen und das Joghurt mit dem Pürierstab unterrühren. Mit Olivenöl, Salz und Pfeffer abschmecken. Vor dem Servieren mindestens 2–3 Stunden kühlen.

Die drei folgenden Saucen werden zwar nicht im Rauch zubereitet, schmecken aber wunderbar zu vielen gesmokten und geräucherten Gerichten.

SCHNELLE AIOLI

3 Bio-Eier, sehr frisch
1 EL guter Senf
15 EL Olivenöl
15 EL Rapsöl
1 EL Sherry-Essig
1 große Knoblauchzehe, grob gehackt
½ TL Salz
¼ TL schwarzer Pfeffer, gemahlen
½ TL Pimentón

Wichtige Hilfsmittel: Pürierstab und ein hohes Gefäß, in dem der Kopf des Pürierstabs knapp Platz hat

Die Eier trennen und das Eigelb zusammen mit den anderen Zutaten in das hohe Gefäß geben. Den Pürierstab in das Gefäß stellen, starten und den Stab ganz langsam in die Höhe ziehen – fertig.

Hinweis: Unbedingt darauf achten, dass alle Zutaten die gleiche Temperatur (Zimmertemperatur) haben.

TOMATEN-SALSA

4 Tomaten
3 Frühlingszwiebeln
1 rote Paprika
1 Knoblauchzehe
3 EL Olivenöl
1 kleine Chili
Salz & Pfeffer zum Abschmecken

Die Paprika, die Chili und die Tomaten jeweils von den Kerngehäusen befreien und fein hacken. Die Frühlingszwiebeln in feine Ringe schneiden. Das Ganze mit dem Olivenöl vermischen und mit Salz und Pfeffer abschmecken.

GRÜNE SAUCE

3 Frühlingszwiebeln
2 EL Petersilie, fein gehackt
1 EL Rosmarin, fein gehackt
1 EL Minze, fein gehackt
1 Knoblauchzehe, fein gehackt
2 EL Rucola, fein gehackt
2 EL Basilikum, fein gehackt
3 EL Olivenöl
Salz & Pfeffer zum Abschmecken

Alle Zutaten gut miteinander vermischen. Mit Salz und Pfeffer abschmecken. Passt wunderbar zu praktisch jedem Fisch und Fleisch.

Rote Bete ist eines meiner liebsten Gemüse, egal, ob im Sommer oder im Winter. Ich glaube, es gibt kein vergleichbares Gemüse, das man so vielfältig einsetzen kann. Sicherlich wird so mancher Gast überrascht sein, was sich mit etwas Fantasie daraus zaubern lässt.

ROTE BETE MIT CRANBERRIES UND GRANATAPFELKERNEN

- 2 Rote Bete, gekocht
- 2 EL Cranberries, getrocknet
- 2 EL Granatapfelkerne, frisch
- 2 EL Hoisin-Sauce
- 2 EL Soja-Sauce
- 2 EL Sesam
- 1 EL Olivenöl
- 4 EL Kresse-Sprossen
- 2 Handvoll Kirschholzspäne

Die Rote Bete in ca. 1 cm dicke Scheiben schneiden. Auf dem BBQ-Smoker bei 80 °C 25 Minuten smoken. Die Außenkante der Bete mit Olivenöl bestreichen und mit Sesam bestreuen. Die Cranberries fein hacken und mit den Granatapfelkernen, der Soja- und der Hoisin-Sauce vermischen. Das Ganze gleichmäßig auf der Roten Bete verteilen und mit der Kresse verzieren.

SANDWICH MIT GERÄUCHERTER SALSICCIA

4 Salsicce (italienische Rohwurst)
8 Scheiben Toastbrot
2 Handvoll Pflücksalat
4 EL Senf
1 Spritzer Habanerosauce (Menge je nach Geschmack) oder Chilipulver
Buchenholz für die Sidefirebox

Die Würste in den Räucherturm hängen und bei 80 °C ca. 1 ½ –2 Stunden räuchern. Den Senf mit der Habanerosauce vermischen. Das Brot in der Sidefirebox auf beiden Seiten knusprig grillen. Die Wurst in dünne Scheiben schneiden und auf das getoastete Brot legen. Salat und Senf darauf verteilen, eine zweite Scheibe Toast darauflegen und genießen.

HÜHNCHEN-LOLLIPOP

4 Hühnerunterkeulen
2 EL Geflügelgewürz (Rezept S. 192)
2 EL BBQ-Gewürz (Rezept S. 190)
4 Streifen Alufolie, ca. 5 cm breit und 8 cm lang
1 Sprühflasche mit Apfelsaft
2 Handvoll Apfelholzspäne

Die Haut der Unterkeule ca. 3 cm unter dem Knochenende rundum bis zum Knochen einschneiden. Den Knorpel über das Kochenende drücken und die verbleibende Haut Richtung Fleisch schieben, sodass der Knochen blank liegt. Den Knochen nun mit der Alufolie umwickeln, damit er beim Grillen nicht schwarz wird. Die Gewürze miteinander vermischen und das Fleisch der Keule rundum würzen. Auf dem Kamado bei indirekter Hitze (160 °C) 1 Stunde smoken. Ca. alle 15 Minuten mit dem Apfelsaft besprühen.

CHICKENWINGS UND HÜHNEROBERKEULE

8 Hühnerflügel
4 EL Geflügelgewürz (Rezept S. 192)
4 EL Olivenöl
1 TL Kreuzkümmel, gemahlen
¼ TL Zimt, gemahlen
¼ TL Chili, gemahlen
1 verschließbarer Kunststoffbeutel

Das Olivenöl, die Hühnerflügel und die Gewürze in den Kunststoffbeutel geben. Den Beutel verschließen und die Marinade kräftig in die Flügel einmassieren.

8 Hühnchenoberkeulen
6 EL Geflügelgewürz (Rezept S. 192)
2 EL Ahornsirup
2 Knoblauchzehen
1 Vanilleschote
6 EL Olivenöl
2 Handvoll Apfelholzspäne

Das Mark der Vanilleschote mit dem Gewürz, dem Ahornsirup und dem Olivenöl verrühren. Den Knoblauch in die Mischung pressen und gut unterrühren. Die Hühnchenoberkeulen auf die Hautseite legen und mit einem scharfen Messer vorsichtig den Knochen auslösen. Nun die Keule mit der Marinade rundum einpinseln. Das Fleisch mit der Hautseite nach oben auf dem Kamado platzieren. Die Chickenwings aus dem Beutel nehmen und dazu legen. Nun bei indierkter Hitze (180 °C) mit Einsatz der Räucherspäne 45 Minuten smoken.

Chickenwings und Oberkeulen vom Hühnchen mache ich eigentlich immer zusammen, denn wenn man sie einzeln isst, wird man nicht so richtig satt … Gerne arbeite ich auch hier wieder mit zwei verschiedenen Geschmacksrichtungen, denn das Ganze soll ja spannend bleiben.

MEDITERRANE MOINK BALLS

- 400 g Rinderhackfleisch, ca. 20 Prozent Fettanteil
- 3 EL schwarze Oliven ohne Kern
- 3 EL Anchovis
- 1 EL Oregano, getrocknet, fein gehackt
- ½ TL Salz
- ½ TL schwarzer Pfeffer, gemahlen
- 16 dünne Scheiben Lardo
- Buchenholz für die Sidefirebox

Die Anchovis und die Oliven fein hacken und gründlich mit dem Oregano, dem Salz, dem Pfeffer und dem Hackfleisch vermischen. Nun aus der Masse 16 Kugeln formen und diese mit dem Lardo umwickeln. Auf dem Smoker bei 120 °C ca. 30 Minuten smoken. Zu einem guten Glas Rotwein genießen.

Moink Balls sind sehr beliebt in der Welt des BBQs. Klassisch aus Rinderhack zu Kugeln geformt, mit Speck umwickelt und jeder Menge BBQ-Sauce, kommt der Klassiker vom Smoker als Fingerfood oder Starter immer gut an. Ich habe den Klassiker etwas anders interpretiert.

KÄSE-MOINK-BALLS

500 g Rinderhackfleisch, ca. 20 Prozent Fettanteil
16 Würfel Taleggio, Kantenlänge 1 cm
16 dünne Scheiben Lardo
½ TL Salz
½ TL grüner Pfeffer, gemahlen
Buchenholz für die Sidefirebox

Das Hackfleisch gründlich mit dem Salz und dem Pfeffer vermischen. Nun aus der Masse 16 Kugeln formen, jeweils einen Käsewürfel in die Masse drücken und wieder zu einer Kugel formen. Unbedingt darauf achten, dass der Käse überall gut vom Hackfleisch umschlossen ist. Jede Kugel mit einer Scheibe Lardo umwickeln. Nun auf dem Smoker bei 120 °C ca. 30 Minuten smoken.

Als ich in einer Fischräucherei zum ersten Mal geräucherte Meeresfrüchte probiert habe, war ich sofort begeistert. Ich selbst experimentiere sehr viel mit Rauch und Fisch, speziell im Winter. Aber mit einer frischen Komponente wird daraus sofort ein Sommerrezept.

GERÄUCHERTE GARNELEN MIT ZITRONEN-ROSMARIN-BUTTER

8 Garnelen
1 Zitrone
1 EL Salz
100 g Butter
1 EL Rosmarin, fein gehackt
1 TL Knoblauch, fein gehackt
8 Scheiben Sepia-Baguette (alternativ helles Baguette)
2 Handvoll Ahornspäne

Die Zitrone in feine Scheiben schneiden. Das Salz in etwa 1 l Wasser auflösen. Die Garnelen zusammen mit der Zitrone ungefähr 20 Minuten in der Flüssigkeit einlegen. Den Kamado für indirektes Grillen einrichten. Die abgetropften Garnelen und Zitronenscheiben auf den Grillrost legen und bei etwa 100 °C ca. 15 Minuten räuchern. Die Zitronen fein hacken und mit der Butter, dem Knoblauch und dem Rosmarin vermischen. Mit Salz und Pfeffer abschmecken. Die Garnelen mit der Zitronenbutter und dem Brot servieren.
Alternativ kann man die Garnelen auch auf einem Grillgitter (siehe S. 43) in der Garkammer zubereiten.

JAKOBSMUSCHELN AUS DEM RAUCH MIT KRÄUTERBROT

8 Jakobsmuscheln
1 EL Salz
5 EL Olivenöl
1 TL Rosmarin, fein gehackt
1 TL Thymian, fein gehackt
1 EL Schnittlauch, in feine Ringe geschnitten
3 Scheiben Weißbrot vom Vortag
grobes Meersalz
frische Kresse
1 TL Zitronenschale, fein geschnitten
2 Handvoll Aprikosenholzspäne
(oder ein anderes Obstholz)

Das Salz (nicht das grobe Meersalz) in 1 l Wasser auflösen. Die Muscheln etwa 20 Minuten in der Flüssigkeit einlegen. Den Kamado auf indirektes Grillen einrichten. Die abgetropften Muscheln bei etwa 80 °C ca. 15 Minuten räuchern. Das Brot in Würfel schneiden und mit dem Olivenöl im heißen Feuerwok rundum anbraten. Zum Schluss die Kräuter untermischen, mit etwas grobem Meersalz abschmecken und mit Kresse und der Zitronenschale dekorieren.
Alternativ kann man die Muscheln auch auf einem Grillgitter (siehe S. 43) in der Garkammer zubereiten.

WALLER MIT PALMZUCKER UND KAROTTENGEMÜSE

2 feste Wallerfilets
2 EL Palmzucker
1 TL Salz
½ TL Pfeffer
einige dünne Scheiben Salzzitronen (Rezept S. 192)
8 EL Olivenöl
4 mittelgroße Karotten, geschält
2 Stangen Lauch
2 Apfel-Chunks

Die Karotten mit dem Sparschäler in feine Streifen, den Lauch der Länge nach in dünne Streifen schneiden. Mit etwas Olivenöl vermischen und in einer feuerfesten Form mit Einsatz von Apfelholz bei indirekter Hitze (80 °C) ca. 10–15 Minuten anräuchern. Den Waller mit Palmzucker bestreuen, etwas einziehen lassen und anschließend in der Sidefirebox auf einer Platte auf beiden Seiten ca. 3–4 Minuten grillen. Danach etwa 4–5 Minuten im Smoker nachziehen lassen. Die Karotten und den Lauch im Feuerwok bissfest garen. Mit Salz und Pfeffer abschmecken. Den Fisch mit fein gehackten Salzzitronen und Olivenöl auf dem Gemüse servieren.

ROAST'N ROLL
GRILL
TOM
WERKSTATT
FOREVER

WALLERLEBER MIT ANGERÄUCHERTER ROTER BETE

- 4 Wallerlebern, geputzt
- 1 Rote Bete, gekocht
- 2 TL Thymian, fein gehackt
- 3 EL Walnussöl
- Salz & Pfeffer
- 2 Mesquite-Chunks

Die Wallerlebern etwa 20 Minuten im Walnussöl marinieren. Die Rote Bete in ca. 5 mm dicke Scheiben schneiden und im Smoker bei 80 °C etwa 20 Minuten räuchern. Die Wallerlebern auf einer Grillplatte in der Sidefirebox bei hoher Hitze (250–300 °C) auf beiden Seiten 1 Minute grillen. Die Rote Bete in kleine Würfel schneiden, ähnlich einem Tatar, und mit dem Thymian und etwas Salz und Pfeffer vermischen. Die Wallerlebern auf der Roten Bete servieren.

FLANKSTEAK MEDITERRAN

1 Flanksteak, ca. 800 g
1 Bund Rucola
50 g Parmesan
6–8 EL Olivenöl
1 TL Salz
1 TL Pfeffer, frisch gemahlen
1 Zitrone, Saft
4 Buchen-Chunks

Das Flanksteak auf beiden Seiten bei direkter hoher Hitze in der Sidefirebox 5 Minuten grillen. Danach 10 Minuten bei 80–100 °C im Smoker mit Buchenrauch nachziehen lassen. Den Rucola mit dem Olivenöl, dem Zitronensaft, Salz und Pfeffer abschmecken. Das Flanksteak quer zur Faser in etwa 3 mm dicke Scheiben schneiden, auf den Rucola legen und ebenfalls mit Salz, Pfeffer und Olivenöl abschmecken. Anschließend mit gehobeltem Parmesan garnieren und servieren.

PULLED LAMB

1 Lammkeule, ca. 1 ½ kg
150 ml Olivenöl
2 EL Minze, fein gehackt
1 TL Salz
2 TL Garam Masala
8 EL Crème fraîche
3 Handvoll Buchenspäne

Für das Topping die Crème fraîche mit dem Garam Masala verrühren. Die Minze mit dem Olivenöl und dem Salz zu einer Marinade vermischen. Die Lammkeule rundum mit der Mischung einstreichen und 2 Stunden an einem kühlen Ort einwirken lassen. Die restliche Marinade für später beiseitestellen. Die Keule auf dem Kamado bei indirekter Hitze (120 °C) mit Raucheinsatz ziehen lassen, bis sie eine Kerntemperatur von 88–90 °C erreicht hat, währenddessen regelmäßig mit der Marinade bestreichen. In etwas Backpapier einschlagen und 15–20 Minuten an einem warmen Ort ruhen lassen. Nach der Ruhephase mit zwei Gabeln pullen. Wenn nötig, etwas Marinade unterheben und mit Salz und Pfeffer würzen. Das Fleisch in einem Brötchen (z. B. Sepiabrötchen) mit einem Klecks Garam-Masala-Crème servieren.

Pulled Lamb ist ein tolles Gericht, das zeigt, wie die BBQ-Kultur mit anderen Kulturen verbunden werden kann. Mit der Minze haben wir einen Hauch Marokko, mit dem Garam Masala eine Nuance Indien. Serviert wird das Ganze in einem Sepiabrötchen vom Boulanger Peter Kapp.

DIE HAUPTSACHE

ANGERÄUCHERTE FORELLE MIT BÄRLAUCHBUTTER

4 mittelgroße Forellen, ausgenommen
100 g Salz
gemischte frische Kräuter, z. B. Rosmarin und Thymian
1 Zitrone, in Scheiben geschnitten
100 g weiche Butter
ca. 20 Blätter frischer Bärlauch
5–6 Buchen-Chunks
oder 6 Handvoll Buchenspäne

Das Salz, die Zitronenscheiben und die Kräuter in 3 l Wasser geben und vermischen. Nun die Forellen etwa 1 Stunde in dieser Mischung einlegen. Anschließend 1 Stunde auf Küchenpapier trocknen lassen.
Den Smoker oder den Kamadogrill auf 80 °C anheizen. Die Forellen mit gespreiztem Bauchraum auf den Rost stellen. Unter Zugabe des Holzes ca. 1 ½ Stunden aromatisieren und gleichzeig garen. Den Bärlauch fein hacken und mit der weichen Butter vermischen. Die Forelle filetieren und mit der Bärlauchbutter servieren.

Bärlauch – willkommener Frühlingsbote von Mutter Natur! In unserer Familie pflegen wir seit etlichen Jahren den Brauch, Bärlauch aus dem Wald zu holen, sobald er sprießt, und ihn in der Küche zu verarbeiten. Schon mein Vater ging mit mir zum sagenumwobenen Kummenberg hier bei uns in Vorarlberg, um an seinen geheimen Stellen Bärlauch zu ernten. Ich liebe dieses nach Knoblauch riechende Kraut, benutze es aber nur, wenn es auch Saison hat. Ich konserviere es eigentlich nie, um es haltbar zu machen. Für mich gehört es einfach zum Frühling und solange es die Natur hergibt, nehme ich es gerne an.

LACHS AUF DER WHISKYFASS-DAUBE MIT MANGO-GELEE UND TACO-CHIPS

4 Lachsfilets ohne Haut, à 150 Gramm
4 Stücke Fassdaube, ca. 12–15 cm lang (alternativ ein Räucherbrett aus dem Grillfachhandel mit etwas gutem Whisky befeuchtet)
4 EL Mango-Gelee
4 EL Taco-Chips, fein gehackt
½ TL Salz
Buchenholz für die Sidefirebox

Das Fassholz auf der Fläche, auf der der Lachs später aufliegt, bei direkter Hitze etwa 5 Minuten in der Sidefirebox angrillen, denn durch die Hitze entstehen Röstaromen, die später in den Fisch einziehen. Den Lachs auf die geröstete Seite des Holzes legen und etwas salzen. Nun bei 120 °C etwa 30–40 Minuten mit schwachem Raucheinsatz durchziehen lassen. Vor dem Servieren mit dem Mango-Gelee bestreichen und mit den Taco-Chips bestreuen.

ROAST'N ROLL
TOM
FOREVER

Bei einem meiner Grillkurse lernte ich einen netten Menschen kennen, der einen Beruf ausübt, mit dem mein Großvater schon seine Familie ernährte: Die Küferei. Früher, als es noch keine Kunststoff- und Metallfässer gab, war der Beruf des Küfers sehr angesehen, heute ist er aber fast ausgestorben. Der Küfer, der meinen Grillkurs besuchte, hat sich darauf spezialisiert, alte Whiskyfässer zu reparieren. Er hat mir einige der Fassdauben verkauft, die er austauschen musste. In kurze Stücke gesägt eignen sie sich prächtig zur Zubereitung von Lachs, weil sich durch die Wärme beim Grillen der Whiskygeschmack aus dem Holz löst und in den Fisch einzieht. Zudem kann man den Fisch gleich auf der Holzunterlage servieren.

LACHS TRIFFT CHORIZO

1 Lachsseite, ca. 1 ½ kg
10 Scheiben Chorizo, dünn geschnitten
5 Scheiben Orange, dünn geschnitten und halbiert
1 ½ EL Thymianblättchen
½ TL Salz
4–5 Buchen-Chunks oder 5 Handvoll Buchenspäne

Den Lachs alle 5 cm quer bis zur Mitte einschneiden, die Chorizoscheiben in der Mitte umklappen, eine halbe Orangenscheibe hineinlegen und in die Einschnitte stecken. Den Fisch mit Salz und Thymian würzen. Im Smoker mit Einsatz des Räucherholzes etwa 45 Minuten bei 110 °C smoken.

GRÜNER SPARGEL MIT BUTTER UND SALZ AUS DEM FEUERWOK

10 Stangen grüner Spargel
2 EL Butter
½ TL grobes Meersalz

Den Spargel von den holzigen Enden befreien. In mundgerechte Stücke schneiden und in der heißen Butter wokken. Bitte darauf achten, dass er bissfest bleibt. Zum Schluss mit grobem Salz würzen und zur Lachsseite servieren.

Bei mir heißt er ganz einfach Feuerwok. Sie bekommen ihn in verschiedenen Größen im Asiamarkt. Durch seine dünne Wandstärke kann man mit ihm direkt in der Glut in der Feuerbox des Smokers oder im Kugelgrill wokken. Je nachdem, wie groß er ist, klappt es auch prima auf dem mit glühender Kohle gefüllten Anzündkamin.

BEEF STEW

Abschnitte vom Bugblatt/Schaufelstück (Seite 46)
1 Karotte, geschält und in ca. 5 mm breite
Scheiben geschnitten
1 große Zwiebel, grob gehackt
3 mittelgroße festkochende Kartoffeln,
geschält und grob gewürfelt
1 TL Salz
½ TL Pfeffer
4 Dosen Stout à 0,33 l
2 TL Knoblauch, gehackt
4 EL Olivenöl
1 TL Liebstöckel, fein gehackt
1 EL brauner Zucker

Den Dutch Oven in der Sidefirebox direkt auf die Glut stellen, das Öl darin erhitzen, den Knoblauch und die Zwiebel kurz anschwitzen. Das Fleisch und den Zucker untermischen und kurz mitbraten. Das Stout dazugeben, etwas Stout zurückbehalten, die Karotten und die Kartoffeln untermischen. Das Ragout etwa 2 ½ Stunden köcheln lassen. Eventuell Stout nachgießen. Mit Salz, Pfeffer und Liebstöckel abschmecken und servieren.

Wenn ich mit dem Smoker arbeite, ist der Dutch Oven auch immer im Einsatz. Ob für Beilagen oder einfach zur Verwertung der Abschnitte zu Ragouts oder Fonds. Einfach in der Sidefirebox platziert, blubbert sein Inhalt über Stunden dahin …
Beef Stew ist eines meiner Lieblingsrezepte von der Grünen Insel, ich habe es dort schon mehrfach probiert – mit einem gutem Stout in der Sauce und einem weiteren begleitend zum Essen.
Das ist Irland, wie ich es liebe.

GLASIERTER SCHWEINEBAUCH

1 Schweinbauch, ca. 2 kg
1 TL Salz
1 TL Pfeffer
1 TL Currypulver
1 TL Paprikapulver
1 EL Rosmarin
8 EL Ahornsirup
1 TL Ingwer, gemahlen
1 TL Knoblauchgranulat
4 EL Apfelsaft
2 EL Whisky
5–8 Apfel-Chunks
oder 8 Handvoll Apfelholzspäne

Die Schwarte des Schweinebauches im Abstand von 1 cm kreuzförmig etwa 1 cm tief einschneiden (siehe S. 108 f.). Salz, Pfeffer, Curry und Paprikapulver vermischen und den Bauch rundum damit würzen. Die restlichen Zutaten zu einer Marinade mischen und beiseitestellen. Den Schweinebauch bei einer Hitze von 100 °C ca. 8 Stunden smoken, bis er eine Kerntemperatur von 90 °C hat. Regelmäßig alle 1 ½ Stunden mit dem Apfelholz räuchern. Die Schwarte mit der Marinade bestreichen und mit einem Bunsenbrenner abflämmen, bis die Schwarte aufpoppt. In 3 x 3 cm große Würfel schneiden und auf einem Spiegel aus der restlichen Marinade servieren.

PULLED PORK MIT COLESLAW

- 2 kg Schweineschulter ohne Knochen
- 125 ml Apfelsaft
- 4 EL Basis BBQ-Gewürzmischung (Rezept S. 190)
- 4 EL Olivenöl
- 5 EL Palmzucker
- 2 EL Knoblauch, frisch gepresst
- ca. 15 Mesquite-Chunks
- Frischhaltefolie
- je 1 Stück Backpapier und Alufolie

Die Schweineschulter von der Fettauflage befreien, dabei ca. 5–10 mm Fett auf dem Fleisch belassen. Erst mit dem Olivenöl (quasi als Haftgrund), anschließend mit dem Knoblauch und zum Schluss mit dem Palmzucker einreiben. Danach großzügig mit dem BBQ-Gewürz würzen und ca. 12 Stunden in Frischhaltefolie gewickelt an einem kühlen Ort wirken lassen, damit die Gewürze einziehen können. Das Fleisch vor dem Smoken aus der Frischhaltefolie auspacken, im Smoker bei 90 °C mit Holzeinsatz 3 Stunden smoken. Die Alufolie auslegen, das Backpapier darauflegen und die Kanten leicht hochklappen, sodass eine „Kuhle" entsteht. Die gesmokte Schulter dort hineinlegen und mit dem Apfelsaft begießen. Das Ganze locker zu einem großen Paket einschlagen. Nun im Smoker bei 100 °C ziehen lassen, bis eine Kerntemperatur von 92 °C erreicht ist. Das kann bis zu 15 Stunden dauern.
2 mit heißem Wasser gefüllte Flaschen in eine Kühlbox stellen, das eingepackte Fleisch dazugeben und mindestens 30 Minuten ruhen lassen. Nach der Ruhephase wird das Fleisch gezupft und mit etwas Coleslaw im Brötchen serviert.

COLESLAW

- 1 Kopf Rotkohl (oder Weißkohl, je nach Vorliebe)
- ½ l Buttermilch
- 1 Zwiebel
- 1 TL Kümmel
- 2 EL Apfelessig
- 4 EL Olivenöl
- 6 EL Mayonnaise
- Salz & Pfeffer

Den Kohl und die Zwiebel fein schneiden. Mit der Buttermilch, etwas Öl und einem Schuss Essig vermischen und gut durchkneten. Die Mayonnaise dazugeben und mit Salz, Pfeffer und Kümmel abschmecken.

BAKED BEANS AUS DEM DUTCH OVEN

4 große Dosen weiße Bohnen
1 Zwiebel, gehackt
100 g Speck, fein gewürfelt
2 Knoblauchzehen, fein gehackt
4 EL brauner Zucker oder Ahornsirup
750 ml Gemüse- oder Fleischbrühe
150 ml Ketchup
100 ml BBQ-Sauce (Rezept S. 192)
1 TL Chili
Salz & Pfeffer

Den Dutch Oven direkt auf die Glut in der Sidefirebox stellen. Den Speck darin auslassen. Die Zwiebel und den Knoblauch dazugeben, genauso wie die Bohnen, die Brühe, den Zucker, den Ketchup und die BBQ-Sauce. Den Deckel aufsetzen und diesen mit 8 glühenden Briketts belegen. Danach ca. 2 Stunden kochen (nicht vergessen, alle 20 Minuten umzurühren). Vor dem Servieren mit Salz, Pfeffer und Chili abschmecken.

LODGE

TOMS ASIA RIBS

APPENZELLER SPARERIBS

SPECIAL RIBS

TOMS
CLASSIC RIBS

APPENZELLER SPARERIBS

2 Reihen Spareribs, St. Louis Cut, ohne Knochenhaut
400 ml Apfelsaft
Alufolie, 2 Bögen, etwa 20 cm länger als die Ribs
Backpapier, 2 Bögen, etwa 20 cm länger als die Ribs
5–6 Buchen-Chunks

Würzmischung für die Ribs:
1 TL Kreuzkümmel, gemahlen
1 TL Röstzwiebeln, gemahlen
1 TL Knoblauchpulver
1 TL Salz
1 TL schwarzer Pfeffer, gemahlen
2 TL Paprika, gemahlen
2 TL Currypulver
½ TL Chilipulver
2 TL brauner Zucker

Glasur für das Finish:
4 EL Honig
1 TL frischer Ingwer, gerieben
1 TL Knoblauch, fein gehackt
2 EL Soja-Sauce
4 EL Apfelsaft
50 ml Appenzeller Alpenbitter
Buchenholz für die Sidefirebox

Alle Zutaten für die Würzmischung vermengen und anschließend die Ribs großzügig damit würzen, die restliche Würzmischung beiseitestellen. Die Ribs in Frischhaltefolie einschlagen und 2–3 Stunden an einem kühlen Ort ruhen lassen.
Die Ribs im Smoker bei 80 °C 1 Stunde smoken. Auf jeden Backpapierbogen eine Alufolie legen und die Kanten leicht hochbiegen, sodass eine „Kuhle“ entsteht. Die Ribs mit der Fleischseite nach oben dort hineinlegen und 100 ml Apfelsaft auf jeden Slab geben. Die Ribs im Backpapier und der Folie zu Päckchen verschließen. Dann bei 120 °C ca. 2 Stunden garen. Nach 1 ½ Stunden kontrollieren, ob sich der Knochen schon leicht vom Fleisch löst. Zwischenzeitlich die Zutaten für das Finish mit der restlichen Würzmischung vermengen. Wenn die Ribs gar sind, die Fleischseite mit der Glasur bestreichen. Die Hitze im Smoker auf ca. 140 °C erhöhen und die Ribs im geöffneten Päckchen noch etwa 30 Minuten finishen. Während dieser Zeit mehrmals mit der Glasur bestreichen.

Spareribs sind die Klassiker, wenn es ums Grillen geht. Ich habe vier meiner liebsten Rezepte hier aufgeführt. Die verschiedenen Zuschnitte wurden schon auf Seite 24 erklärt. Bestellen Sie vor allem den St. Louis Cut früh genug bei Ihrem Metzger. Als Zutat zum ersten Rezept verwende ich Appenzeller Alpenbitter. Ein Getränk, das bei uns im Rheintal Kultstatus genießt. Mittlerweile ist dieser Zaubertrank mit 42 Kräutern auch dank Internet fast überall erhältlich. Wichtig zu wissen: Dieses Rezept bekommt den richtigen Bums nur, wenn es mit Appenzeller Alpenbitter zubereitet wird.

TOMS ASIA RIBS

4 Reihen Baby Back Ribs, ohne Knochenhaut
3 EL Currypulver
3 EL Paprikapulver
1 EL Salz
100 ml Ananassaft
50 ml Sweet Chili Sauce
2 unbehandelte Limetten, Saft und abgeriebene Schale
3 Knoblauchzehen, gepresst
2 TL Ingwer, frisch gerieben
Backpapier, 4 Bögen, 20 cm länger als die Ribs
Alufolie, 4 Bögen, 20 cm länger als die Ribs
Frischhaltefolie
Buchenholz für die Sidefirebox

Den Curry, das Paprikapulver und das Salz vermischen. Die Ribs von beiden Seiten großzügig mit der Gewürzmischung einreiben. In Frischhaltefolie einschlagen und an einem kühlen Ort 2–3 Stunden ruhen lassen.
Die restlichen Zutaten, bis auf den Ananassaft, zu einer Marinade vermischen. Die Ribs aus der Folie nehmen und im Smoker bei 80 °C 1 Stunde smoken. Auf jeden Backpapierbogen eine Alufolie legen und die Kanten leicht hochbiegen, sodass eine „Kuhle" entsteht. Die Ribs mit der Fleischseite nach oben dort hineinlegen und den Ananassaft auf den Slabs verteilen. Das Ganze zu einem Päckchen verschließen und weitere 1 ½ Stunden bei 120 °C garen. Nun die Ribs im geöffneten Päckchen ca. 1 Stunde weitergaren und in dieser Zeit 5–6-mal auf der Fleischseite mit der Marinade bestreichen.

SPECIAL RIBS

2 Reihen Spareribs, St. Louis Cut, ohne Knochenhaut
6 EL Basis-BBQ-Gewürzmischung (Rezept S. 190)
1 TL Rosmarin, fein gehackt
½ TL Koriander, gemahlen
200 ml Apfelsaft
100 ml Irish Whiskey
30 ml Worcestershiresauce
4 EL Honig
3 EL Ketchup
3 Knoblauchzehen, gepresst
Backpapier, 2 Bögen, 20 cm länger als die Ribs
Alufolie, 2 Bögen, 20 cm länger als die Ribs
Frischhaltefolie
Buchenholz für die Sidefirebox

Die BBQ-Gewürzmischung mit dem Rosmarin und dem Koriander vermischen. Die Ribs auf beiden Seiten großzügig mit der Gewürzmischung einreiben, in Frischhaltefolie einschlagen und an einem kühlen Ort 2–3 Stunden ruhen lassen.
Die restlichen Zutaten mit 100 ml Apfelsaft zu einer Marinade vermischen. Die Ribs aus der Folie nehmen und im Smoker bei 80 °C 1 Stunde smoken. Auf jeden Backpapierbogen eine Alufolie legen und die Kanten leicht hochbiegen, sodass eine „Kuhle" entsteht. Die Ribs mit der Fleischseite nach oben dort hineinlegen, den restlichen Apfelsaft auf den Slabs verteilen und zu Päckchen verschließen. Dann bei 120 °C ca. 2 Stunden garen. Das Päckchen öffnen und den entstandenen Fleischsaft in die Marinade rühren. Nun die Ribs in dem geöffneten Päckchen ca. 1 Stunde weitergaren und in dieser Zeit 5–6-mal auf der Fleischseite mit der Marinade bestreichen.

TOMS CLASSIC RIBS

4 Reihen Baby Back Ribs, ohne Knochenhaut
3 EL Currypulver
3 EL Paprikapulver
1 EL Salz
1 TL Kreuzkümmel, gemahlen
½ TL Chili, gemahlen
1 EL Thymian
200 ml Apfelsaft
50 ml Sojasauce
4 EL Ahornsirup
3 EL Ketchup
3 Knoblauchzehen, gepresst
2 TL Ingwer, gerieben
Backpapier, 4 Bögen, 20 cm länger als die Ribs
Alufolie, 4 Bögen, 20 cm länger als die Ribs
Frischhaltefolie
Buchenholz für die Sidefirebox

Den Curry, das Paprikapulver, den Kreuzkümmel, das Salz und das Chilipulver vermischen. Die Ribs auf beiden Seiten großzügig mit der Gewürzmischung einreiben. Die Ribs in Frischhaltefolie einschlagen und an einem kühlen Ort 2–3 Stunden ruhen lassen.
Die restlichen Zutaten mit 100 ml Apfelsaft zu einer Marinade vermischen. Die Ribs aus der Folie nehmen und im Smoker bei 80 °C 1 Stunde smoken. Auf jeden Backpapierbogen eine Alufolie legen und die Kanten leicht hochbiegen, sodass eine „Kuhle“ entsteht. Die Ribs mit der Fleischseite nach oben dort hineinlegen, den restlichen Apfelsaft auf den Slabs verteilen und alles zu Päckchen verschließen. Bei 120 °C weitere 1 ½ Stunden garen. Dann die Päckchen öffnen und den entstandenen Fleischsaft in die Marinade rühren. Nun die Ribs im geöffneten Päckchen ca. 1 Stunde weitergaren und in dieser Zeit 5–6-mal auf der Fleischseite mit der Marinade bestreichen.

ENTE MIT SÜSSKARTOFFEL-PÜREE

4 Entenbrüstchen
2 EL Soja-Sauce
1 EL Honig
½ TL frischer Ingwer, gerieben
2–3 Süßkartoffeln
½ Orange, Abrieb
Olivenöl
1 TL Chili
Buchenholz für die Sidefirebox

Die Süßkartoffeln halbieren und mit etwas Olivenöl beträufeln, in Folie packen und bei indirekter Hitze weichgaren. Die Ente auf der Fettseite sorgfältig im Abstand von etwa 5 mm kreuzweise bis zum Fleisch einschneiden. Im Smoker mit Raucheinsatz 30 Minuten bei 110 °C smoken, bis das Fett fast weg ist. Umdrehen und die Oberseite mit einer Mischung aus Soja-Sauce, Honig und Ingwer bestreichen, weitere 5–7 Minuten – dieses Mal in der Sidefirebox – bei ca. 200–250 °C direkt grillen. Die Süßkartoffeln mit einem Löffel aushöhlen, die weiche Kartoffelmasse mit der Gabel etwas zerdrücken und den Orangenabrieb darunter mischen, mit etwas Salz, Chili und Pfeffer abschmecken.
Die Ente auf dem Püree servieren.

VERKEHRTES RINDERKOTELETT

- 4 Rinderkoteletts, dry aged
- 10 EL gutes Olivenöl
- Murray River Salt (Salzflocken)
- Tellycherry Pfeffer
- 2 Handvoll Buchenholzspäne

Die Rinderkoteletts im Smoker bei 90–110 °C mit Einsatz von Buchenrauch auf eine Kerntemperatur von 52 °C ziehen lassen. Anschließend bei direkter Hitze (300–400 °C) auf dem heißen Grillrost in der Sidefirebox auf beiden Seiten jeweils 1–2 Minuten grillen, damit sie reichlich Röstaromen bekommen. Mit Olivenöl, Salz und Pfeffer würzen und genießen.

LAMMKRONE

1 Lammkrone, geputzt
2 Zweige Rosmarin
1 EL Lammgewürz (Rezept S. 190)
1 TL Ras el-Hanout
4 Ahorn- oder Buchen-Chunks

Die Lammkrone mit Olivenöl einreiben, mit dem Rosmarin belegen und etwa 1 Stunde einziehen lassen. Das Lammgewürz und das Ras el-Hanout vermischen und das Lamm rundum damit würzen. Auf beiden Seiten in der Sidefirebox bei ca. 250–300 °C 5 Minuten grillen. Danach im Garraum bei ca. 120–140 °C etwa 10 Minuten im Ahorn- oder Buchenrauch nachziehen lassen. Die Lammkrone in 4 Teile zerlegen und auf dem Couscous-Salat servieren.

COUSCOUS-SALAT

400 g Couscous
1 rote Paprika, fein gewürfelt
1 Bund Minze, gehackt
2 EL Weißweinessig
4 EL Olivenöl,
½ EL Salzzitronen, fein gehackt (Rezept S. 192)
2 EL Frühlingszwiebeln, in dünne Ringe geschnitten
1 Tomate, ohne Kerngehäuse, in feine Würfel geschnitten
Salz & Pfeffer

Den Couscous gemäß Packungshinweis quellen lassen, anschließend die übrigen Zutaten unterrühren und mit Salz, Pfeffer, Olivenöl und Essig abschmecken.

LAMMRÜCKEN MIT KRÄUTER-PARMESAN-HAUBE

2 Lammrücken, ausgelöst und geputzt
4 EL gemischte Kräuter, z. B. Petersilie, Bärlauch, Kerbel, Rosmarin, Thymian, fein gehackt
4 EL Parmesan, gerieben
4 EL Olivenöl
½ TL Salz
½ TL schwarzer Pfeffer
4 Ahorn- oder Buchen-Chunks

Den Lammrücken mit Olivenöl einreiben und mit Salz und Pfeffer würzen. Im Smoker bei ca. 120–130 °C im Rauch bis zu einer Kerntemperatur von 48 °C ziehen lassen. Das Olivenöl mit den Kräutern, dem restlichen Salz, dem Parmesan und dem Pfeffer zu einer Paste mischen und großzügig auf die Oberseite der Lammrücken streichen. Nun die Lammrücken ganz nahe an den Durchlass von Sidefiebox und Garraum legen und das Fleisch bis zu einer Kerntemperatur, je nach Geschmack, von 56–58 °C ziehen lassen.

GEMÜSE ZUM LAMMRACK

2 rote Spitzpaprika
3 Frühlingszwiebeln
3 EL Olivenöl
Salz & Pfeffer zum Abschmecken

Die Spitzpaprika vom Kerngehäuse befreien und in 5 mm breite Ringe schneiden. Die Frühlingszwiebeln samt Grün ebenfalls in 2 mm dicke Ringe schneiden. Das Olivenöl im Feuerwok in der Sidefirebox erhitzen. Die Paprika und die Frühlingszwiebeln bei großer Hitze unter ständigem Rühren weichgaren. Mit Salz und Pfeffer abschmecken.

ALTE WUTZ, PIMIENTOS DE PADRÓN UND KARTOFFELN

1 kg Alte Wutz am Stück (siehe S. 26)
alternativ: Schweinerücken mit Fettauflage und Schwarte, dry aged
Olivenöl
½ TL Kümmel, gemahlen
1 EL Rosmarin, fein gehackt
1 TL Thymian, fein gehackt
1 TL Petersilie, fein gehackt
5 EL Olivenöl
1 TL Salz
½ TL Pfeffer
Buchenholz für die Sidefirebox

Die Kräuter, den Kümmel und das Salz miteinander vermischen. Die Schwarte der Alten Wutz mit einem Teppichmesser etwa alle 5–10 mm gitterförmig rund 10 mm tief einschneiden. Zuerst das ganze Stück mit Olivenöl und dann die Seite ohne Schwarte mit der Kräutermischung einreiben. Auf dem Smoker bei 120 °C smoken, bis eine Kerntemperatur von 58–60 °C erreicht ist. Vor dem Servieren die Schwarte mit einem Bunsenbrenner aufpimpen (siehe S. 134 f.).
Die Alte Wutz vom Knochen lösen, in 4 Teile schneiden, mit Salz und Pfeffer würzen und mit den Pimientos de Padrón und den Kartoffeln servieren.

PIMIENTOS DE PADRÓN MIT JUNGEN KARTOFFELN

500 g Pimientos de Padrón
500 g kleine Kartoffeln
5 EL Olivenöl
2 TL grobes Meersalz

Die Kartoffeln halbieren und auf der Schnittseite bei direkter Hitze bissfest grillen. Die Pimientos im heißen Feuerwok mit etwas Olivenöl schwenken. Mit grobem Meersalz abschmecken und mit den Kartoffeln vermischen.

BAND
CHEFS

ROAST

THE-DAY-AFTER-FRÜHSTÜCK

4 Bio-Eier
8 dünne Scheiben Speck
4 Scheiben Blutwurst, ca. 1 cm dick
2 EL Baked Beans (Rezept S. 112)
1 Gemüsezwiebel
Salz & Pfeffer
1 Grillplatte

Die Grillplatte im Brennraum des Smokers aufheizen (oder auf dem Kugelgrill bzw. Kamado). Die in 4 Scheiben geschnittene Zwiebel, den Speck, die Eier und die Blutwurst auf der Grillplatte braten, bis die gewünschte Garstufe erreicht ist. Mit Salz und Pfeffer würzen und zusammen mit den Baked Beans servieren.

Jedes Jahr veranstalten wir rund um ein abgelegenes Seminarhaus am Wald, weg von Verkehr und Hektik, ein zweitägiges Smokerseminar. Zwei Tage tauchen wir ein in eine Welt genussvoller, entschleunigter Speisen, die wir auf unseren Smokern, Kamados und auf offenem Feuer zubereiten. Dass die passenden Getränke dazu serviert werden, versteht sich von selbst. Wir starten am Freitag und lassen die Smoker bis in die Nacht hinein rauchen. Die Teilnehmer schlafen direkt am Seminarort und zum Frühstück gibt es neben einem starken Kaffee natürlich was Deftiges vom Smoker, sodass wir gestärkt in den Tag starten können.

BBQ-HÜHNCHEN

- 1 Bio-Hühnchen
- 6 EL Olivenöl
- 50 ml Apfelsaft
- 50 ml BBQ-Sauce (Rezept S. 192)
- 3 EL Honig
- 1 TL Salz
- 1 TL Kreuzkümmel
- 1 TL Zwiebelpulver
- 2 TL Currypulver
- 2 TL Paprikapulver
- 1 TL Bohnenkraut, gemahlen
- ½ TL Chilipulver
- ½ TL Rosmarin, gemahlen
- 4 Handvoll Ahornspäne

Das Hühnchen am Rücken auseinander schneiden und flachdrücken. Das Olivenöl mit dem Salz und den Gewürzen zu einer Marinade mischen. Das Huhn rundum mit der Marinade bestreichen. Den Honig, den Apfelsaft und die BBQ-Sauce miteinander vermischen.
Das Huhn auf dem Kamado bei 190–200 °C ca. 1 ½ Stunden smoken. Jede halbe Stunde mit der Honig-Apfelsaft-BBQ-Saucen-Mischung bestreichen und mit dem Ahornholz räuchern. Das Huhn sollte an der Keule eine Kerntemperatur von 80 °C haben.

KALBSTAFELSPITZ MIT MANGO UND ANANAS

1 kg Kalbstafelspitz, ohne Fettauflage
6 EL Olivenöl
½ Bio-Zitrone, Abrieb
1 TL Salz
1 EL Thymian, getrocknet
1 TL weißer Pfeffer
100 ml Apfelsaft in der Sprühflasche
3 Apfel-Chunks

Den Thymian, das Salz, den Zitronenabrieb, das Olivenöl und den Pfeffer zu einer Marinade mischen, den Tafelspitz rundum mit der Marinade einstreichen und etwa 2 Stunden abgedeckt an einem kühlen Ort einziehen lassen.
Auf dem Smoker bei 120 °C und Einsatz von Apfelrauch auf eine Kerntemperatur von 60 °C ziehen lassen. Das Fleisch gelegentlich mit dem Apfelsaft besprühen, so bleibt es außen schön weich. In dünne Tranchen schneiden und auf der Mango-Ananas-Beilage servieren.

MANGO UND ANANAS

2 Mangos
½ Ananas
1 TL Chili, fein gehackt
4 EL Sesamöl
1 EL brauner Zucker
2 EL Sherry-Essig

Die Mangos und die Ananas schälen. Das Fruchtfleisch in feine, etwa 2 cm breite Streifen schneiden. Anschließend mit dem Sesamöl, dem Essig, dem Zucker und der Chili vermischen und etwa 1 Stunde ziehen lassen.

Tafelspitz klassisch aus der Suppe mit Apfelmeerrettich, Bratkartoffeln und Spinat ist mein Lieblingsgericht. Immer wenn ich den Duft dieser Speise rieche, erinnere ich mich an meine Kindheit. An den Familienurlaub bei meinen Großeltern im Kremstal in Niederösterreich. Die Küche aus dieser Gegend, der Heimat meiner Mutter, hat mich sehr geprägt. Die Einfachheit, die Reduktion auf das Wesentliche, das Kochen nach Saison, aus guten ländlichen Produkten das Beste für die Familie zu kochen. Ich habe versucht, den Tafelspitz sommerlich auf meine Art zu interpretieren. Vom Rauch geküsst und mit einer nicht alltäglichen fruchtigen Beilage.

ROASTBEEF TRIFFT KAFFEE

- 1 kg Roastbeef
- 6 EL Olivenöl
- 4 EL Espressobohnen
- 1 EL schwarze Pfefferkörner
- 1 TL Schwarzkümmel
- 2 EL Wildgewürz (Rezept S. 192)
- 6 Mesquite-Chunks

Die Espressobohnen, den Schwarzkümmel und die Pfefferkörner in der Küchenmaschine fein mahlen. Das Fleisch mit dem Olivenöl bestreichen und rundum mit Wildgewürz würzen. Auf dem BBQ-Smoker bei maximal 120 °C und Raucheinsatz auf eine Kerntemperatur von 58–60 °C smoken. Das Fleisch kurz ruhen lassen und mit der Kaffeemischung bestreuen. Ein wahrhafter Genuss in Kombination mit Baked Beans (Rezept S. 112).

TOMS HÜHNERBRÜSTCHEN

Bei der Zubereitung der Hühnerbrust ist die Vorarbeit nicht unwichtig. Ich lege das Brustfleisch immer für etwa 2 Stunden in eine Flüssigkeit ein, die von der Zusammensetzung je nach Thema und Jahreszeit variiert. Sie erfüllt den Zweck, das Fleisch von innen zu aromatisieren und das gute Stück gleichzeitig während des Grillens saftig zu halten.

- 4 Hühnerbrüste, pariert
- 4 EL Geflügelgewürz (Rezept S. 192)
- 6 EL BBQ-Sauce (Rezept S. 192)
- 1 EL Olivenöl
- 3 Zitronenscheiben
- 2 Knoblauchzehen
- 6 EL Irish Whiskey
- 1 EL Salz
- 1 Zweig Rosmarin
- 1 Zweig Bohnenkraut
- 1 TL Kreuzkümmel, gemahlen
- 2 Handvoll Apfelholzspäne

2 EL des Geflügelgewürzes, 4 EL Whiskey und den Kreuzkümmel in einer Schüssel gründlich mit 2 Litern nicht zu kaltem Wasser verrühren. Den Knoblauch andrücken und zusammen mit den Zitronenscheiben, den Kräutern und den Hühnerbrüsten in die Flüssigkeit geben. Das Ganze abgedeckt an einem kühlen Ort 2 Stunden wirken lassen.
Nun das Fleisch aus der Flüssigkeit nehmen und auf einem Küchentuch abtropfen lassen. Die BBQ-Sauce mit dem restlichen Whiskey zu einer Marinade verrühren. Anschließend das Fleisch rundum mit dem Olivenöl einreiben und mit dem restlichen Geflügelgewürz würzen. Nun auf dem Kamadogrill bei indirekter Hitze (150 °C) im Apfelrauch ca. 35 Minuten smoken, bis eine Kerntemperatur von 68 °C erreicht ist. In den letzten 15 Minuten, bevor die Kerntemperatur erreicht ist, im 5-Minuten-Takt mit der Marinade bestreichen.

BBQ-MANGOS

- 2 Mangos, halbiert und ohne Kern
- 2 EL BBQ-Sauce (Rezept S. 192)
- 1 EL Whisky
- 2 TL Palmzucker
- ½ Handvoll Mesquitespäne

Die BBQ-Sauce mit dem Whiskey verrühren. Das Fruchtfleisch der Mangos mit einem scharfen, aber nicht spitzen Messer kreuzweise bis zur Schale einschneiden und anschließend mit dem Palmzucker bestreuen. Die Mangos nun in der Sidefirebox 5 Minuten auf der Fruchtseite grillen. Danach im Smoker mit der Fruchtseite nach oben, bestrichen mit der BBQ-Sauce, bei 140 °C 10 Minuten smoken. Zum Servieren die Mango einfach auf der Schalenseite mit dem Daumen in der Mitte eindrücken, sodass sich das Fruchtfleisch auf der Gegenseite aufspreizt.

Wenn ich Hühnchen zubereite, zerlege ich es vorher in Brust, Unter- und Oberkeule. So kann ich jedem Stück eine andere Geschmacksrichtung geben. Wichtig ist auch hier – wie überall –, dass das Tier von bester Qualität ist, also aus artgerechter Haltung kommt und ohne irgendwelche Wachstumsbeschleuniger durchs Leben geschritten ist.

SCHWEINESCHULTER IM HEUBETT

- 1 ½ kg Schweineschulter mit Schwarte
- 6 EL Standard Grillgewürz (Rezept S. 190)
- 1 TL Kümmelpulver
- 2 Knoblauchzehen, püriert
- 3 EL Palmzucker
- 4 EL Olivenöl
- 250 ml Weißwein
- 1 Heukistchen (im Grillfachhandel erhältlich, alternativ Kräuterheu aus dem Zoofachhandel und eine Aluschale)
- 3 Handvoll Mesquitespäne

Die Schwarte der Schulter mit einem scharfen Messer im Abstand von einem Zentimeter kreuzweise etwa einen Zentimeter tief einschneiden und dabei darauf achten, dass der Schnitt nicht bis ins Fleisch geht. Das Grillgewürz und den Kümmel mischen. Die Schulter erst mit dem Olivenöl, dann mit dem Knoblauch, anschließend mit dem Palmzucker und zum Schluss mit dem Grillgewürz einreiben. Das Heu im Kistchen (oder in der Aluschale) mit dem Weißwein anfeuchten. Das Fleisch ins Heu legen und auf dem Kamado bei indirekter Hitze (140 °C) zu einer Kerntemperatur von 80 °C smoken. Wenn die Kerntemperatur erreicht ist, die Temperatur im Kamado auf 200 °C erhöhen und die Schwarte aufpoppen (vgl. S. 134 f.).

MEDITERRANE BRATWURST MIT KÜRBISDAHL UND NAANBROT

500 g Mehl
15 g Hefe
6 EL Naturjoghurt
1 TL Salz
4 EL Olivenöl
1 EL Schwarzkümmel
1 EL bunter Pfeffer, grob geschrotet
400 g Hokkaidokürbis, in dünne Scheiben geschnitten
1 ½ EL Garam Masala
2 EL Kürbiskerne, geröstet
4 mediterrane Bratwürste, roh, alternativ einfache Rostbratwürste
8–10 Kirschholz-Chunks

Die Würste in den Räucherturm des Smokers hängen und bei 80 °C mit dem Kirschholz ca. 1 ½ Stunden räuchern.
In der Zwischenzeit die Hefe in 300 ml lauwarmem Wasser auflösen. Das Mehl, das Joghurt und das Salz hinzufügen und alles zu einem festen Teig verkneten. An einem warmen Ort etwa eine Stunde gehen lassen.
Den Teig zu einer 2 cm dicken Rolle formen. 1 cm breite Scheiben von der Rolle schneiden und zu kleinen Kugeln formen. Zugedeckt weitere 10 Minuten gehen lassen.
Die einzelnen Kugeln mit dem Nudelholz oval ausrollen, mit etwas Olivenöl bestreichen und den Schwarzkümmel und den Pfeffer in die Oberfläche drücken. Auf dem vorgeheizten (ca. 250–300 °C) Pizzastein in der Sidefirebox etwa 6–8 Minuten pro Seite backen.
Den Kürbis bei direkter Hitze (200–250 °C) etwa 4–6 Minuten pro Seite in der Sidefirebox grillen, in ganz feine Würfel schneiden, mit dem Olivenöl vermischen und das Garam Masala zufügen. Die Mischung mit einer Gabel zu einem Brei zerdrücken und immer wieder durchrühren. Die Kürbiskerne hacken und untermischen. Zusammen mit dem Brot und den Würsten servieren.

KALMAR TRIFFT MEDITERRANE BRATWURST

4 Kalmare, ohne Innereien, Kopf und Tentakel
2 mediterrane Bratwürste, roh, alternativ einfache Rostbratwürste
4 Holzspieße
getrocknete Weinreben für die Sidefirebox

Die Bratwurstmasse aus dem Darm drücken, in die Kalmare füllen und das Ganze mit den Holzspießen verschließen. Auf dem Smoker bei 120 °C ca. 45 Minuten smoken. Zum Servieren in ca. 2 cm dicke Ringe schneiden.

KALBSRACKS VOM BBQ-SMOKER

1 Kalbsrücken mit Knochen, ca. 1,2 kg
1 TL Salz
1TL schwarzer Pfeffer, gemahlen
4 EL Olivenöl
1 Bund frische gemischte Kräuter (Oregano, Rosmarin, Thymian, Minze)
3 Handvoll Kirschholzspäne

Die Sehnen und das Fett vom Kalbsrücken entfernen. Den Rücken mit Olivenöl einreiben und mit Salz und Pfeffer rundum würzen. Das Fleisch bei 80 °C auf dem Smoker mit Einsatz der Kirschholzspäne 30 Minuten smoken. Die Kräuter auf dem Fleisch verteilen und den Kalbsrücken bei 130 °C ca. 1–1 ½ Stunden zu einer Kerntemperatur von 60 °C ziehen lassen.

Die Zwiebeln eignen sich als Blitzbeilage zu praktisch allen Fleischgerichten aus dem Smoker. Man kann sie bequem nebenbei in der Sidefirebox zubereiten.

SCHNELLE BBQ-ZWIEBELN

6 große Zwiebeln
5 EL Nachos
200 ml BBQ-Sauce (Rezept S. 192)
5 EL Olivenöl
Salz & Pfeffer

Die Zwiebeln grob schneiden. Das Olivenöl im Feuerwok erwärmen. Die Zwiebeln in den Wok geben und unter ständigem Rühren goldbraun braten. Vom Feuer nehmen und etwas abkühlen lassen. Die BBQ-Sauce und die vorher grob zerbröselten Nachos untermischen. Mit Salz und Pfeffer abschmecken.

GESMOKTE PUTENBRUST

- 1 Putenbrust, weiblich, 1½–1,8 kg in Bio-Qualität
- 1 TL Anis
- 1 TL Sesam
- 1 TL Kreuzkümmel
- ½ TL Chilipulver
- 1 TL Fenchelsamen
- 1 TL schwarze Pfefferkörner
- 1 TL Minze, getrocknet
- ½ Zitrone, Abrieb
- 1 Knoblauchzehe, gepresst
- 3 EL Olivenöl
- 1 TL Salz
- Buchenholz für die Sidefirebox

Den Anis, den Sesam, den Kreuzkümmel, den Fenchelsamen und den Pfeffer im Dutch Oven in der Sidefirebox unter ständigem Rühren rösten. Zusammen mit dem Chili, dem Zitronenabrieb und der Minze in einer Küchenmaschine mit Hackaufsatz zerkleinern. Salz untermischen. Die Putenbrust zuerst mit Olivenöl, dann mit dem Knoblauch und zum Schluss mit der Gewürzmischung einreiben. Auf dem BBQ-Smoker bei einer Temperatur von 120–135 °C smoken, bis eine Kerntemperatur von 68 °C erreicht ist. Das kann bis zu 2 Stunden dauern.

Da bei einer Putenbrust meist etwas übrigbleibt, hier noch ein Rezept zur Resteverwertung. Etwas aufwendig in der Zubereitung, dafür aber verdammt lecker …

PUTENSANDWICH MIT RAUCHEIDRESSING, TOMATEN UND ZWIEBEL

4 dünne Scheiben gesmokte Putenbrust
(Rezept S. 156)
2 Tomaten
1 Gemüsezwiebel
8 Scheiben Weißbrot, alternativ Toast
5 Eier
2 Zwiebeln
4 EL Kapernäpfel
1 Knoblauchzehe
3 Stängel Petersilie
1 EL Dijon-Senf
1 EL Weißweinessig
4 EL Olivenöl
Salz & Pfeffer
Buchenholz für die Sidefirebox

Die Eierschalen vorsichtig etwas anschlagen, damit der Rauch eindringen kann und dann im BBQ- Smoker bei 120–150 °C etwa 60 Minuten smoken. Das Eigelb auslösen und das Eiweiß, die Kapernäpfel, die Zwiebeln und den Knoblauch in feine Würfel schneiden. Die Petersilie fein hacken.
Das Eigelb zerdrücken und mit dem Senf und dem Essig glattrühren. Das Öl tröpfchenweise einrühren. Mit Salz und Pfeffer abschmecken und die vorbereiteten Zutaten unterrühren. Die Gemüsezwiebel und die Tomaten in dünne Scheiben schneiden. Das Brot in der Sidefirebox auf einem Grill-rost bei hoher Hitze auf beiden Seiten grillen, bis es Farbe annimmt. Nun eine Scheibe Brot auf einen Teller legen. Zuerst mit der Putenbrust, dann mit einer Zwiebel- und einer Tomatenscheibe belegen.
1–2 EL des Raucheidressings darauf verteilen. Ein zweites Brot als Deckel darauflegen – fertig.

Beef Brisket ist das Königsstück beim traditionellen BBQ. Ich verwende am liebsten den flachen Teil der Rinderbrust. Damit ich auch gleich eine kleine Beilage dabei habe, lege ich das Fleisch nicht direkt auf den Gitterrost im Smoker, sondern auf eine Schicht Lauch. Es gibt unzählige Brisket-Rezepte für Wettkämpfe. Dieses Rezept ist für den „normalen" Gaumen gedacht und daher eher nicht wettbewerbsfähig.

BEEF BRISKET MIT LAUCH

2½–3 kg flache Rinderbrust
8 EL BBQ- Gewürzmischung (Rezept S. 190)
6 EL Olivenöl
4 EL Palmzucker
4 Knoblauchzehen, gepresst
10–12 Stangen Lauch, auf die Größe des Fleisches zugeschnitten, Lauchmenge hängt von der Größe des Fleisches ab
12–14 Mesquite-Chunks
Sprühflasche gefüllt mit einer 1/1- Mischung aus dunklem Bockbier und Apfelsaft

Das Brisket zuerst mit Öl einstreichen und dann den Zucker und den gepressten Knoblauch in das Fleisch einmassieren. Nun das Ganze mit der BBQ-Gewürzmischung würzen. In Frischhaltefolie eingewickelt ca. 12 Stunden an einem kühlen Ort wirken lassen. Den zurecht geschnittenen Lauch auf dem Rost des Smokers so auslegen, dass eine durchgängige Unterlage für das Brisket entsteht. Das Fleisch auf dem Smoker ca. 3 Stunden bei 80 °C smoken. Dann die Temperatur auf 100 °C erhöhen und ca. 10–14 Stunden weitersmoken, bis eine Kerntemperatur von 90–92 °C erreicht ist. Dabei stündlich mit der Mischung aus der Sprühflasche besprühen. Den mit Fleischsaft vollgesogenen Lauch von der äußeren Schicht befreien und in feine Ringe schneiden. Auf einem Teller auslegen, das aufgeschnittene Brisket darauf servieren und einen Yorkshire Pudding dazu reichen.

YORKSHIRE PUDDING

4 Eier
200 g Mehl
½ l Milch
1 TL Salz
4 EL Olivenöl

Die Eier verquirlen und das Mehl, die Eier, das Salz und die Milch zu einem flüssigen Teig verarbeiten. Das Ganze 1 Stunde kühl stellen. Das Olivenöl in 8 kleine Förmchen aufteilen und diese für 5 Minuten in den auf 210 °C vorgeheizten Kamadogrill stellen.
Nun den Teig in die Förmchen füllen und 12–15 Minuten backen, bis der Teig aufgeht und eine goldbraune Farbe bekommt. Sofort servieren, bevor alles zusammenfällt.

Ein tolles Rezept, für den Fall, dass mal was vom Brisket übrigbleiben sollte …

BRISKET-WÜRFEL MIT PAPRIKA, BOHNEN, KAPERN UND KÜRBISKERNÖL

- Reste vom Brisket (Rezept S. 160)
- 2 rote Paprika
- 1 EL Kapern
- 2 EL Olivenöl
- 1 TL Knoblauch, gehackt
- 2 EL Sherry-Essig
- 2 EL Kürbiskernöl
- 2 EL spanische Bohnen, in Öl eingelegt

Das Brisket in Würfel schneiden, Kantenlänge etwa 2 cm. Das Olivenöl im Feuerwok in der Sidefirebox erwärmen. Die Paprika vom Kerngehäuse befreien, in Streifen schneiden und in den Wok geben. Den Knoblauch, die Bohnen und die Kapern unterrühren. Mit dem Essig ablöschen und die Flüssigkeit etwas reduzieren. Den Wok vom Feuer nehmen und das Kürbiskernöl unterrühren. Die Brisket-Würfel in der Sidefirebox im Feuerwok in etwas Olivenöl erwärmen, auf dem Gemüse anrichten und eventuell mit Salz und Pfeffer abschmecken.

LAMMKEULE MIT ACETO BALSAMICO, MINZE, THYMIAN UND ROSMARIN

1 Lammkeule, ca. 1½–1,7 kg
2 Zweige Minze
3 Zweige Rosmarin
2 Zweige Thymian
4 EL Olivenöl
4 EL guter Aceto Balsamico
2 TL Salz
1 TL schwarzer Pfeffer, gemahlen
1 Knoblauchzehe, gepresst
½ TL Zitronenabrieb
Olivenholz für die Sidefirebox

Die Minzblätter, die Rosmarinnadeln und die Thymianblätter von den Stielen lösen. Die Kräuter fein hacken und mit dem Olivenöl, dem Pfeffer, dem Knoblauch, dem Zitronenabrieb und dem Balsamico zu einer Marinade vermischen.
Die Keule vom überschüssigen Fett befreien. Rundum salzen, in eine flache Schüssel geben und kräftig mit der Marinade einreiben.
Auf dem BBQ-Smoker bei 110 °C ca. 2½–3 Stunden smoken, bis eine Kerntemperatur von 63–65 °C erreicht ist. Während des Smokens regelmäßig mit der übrigen Marinade aus der flachen Schüssel bestreichen.

TOM

TOM

FOREVER

GESMOKTER SPANFERKELRÜCKEN

- 1 Spanferkelrücken mit Knochen und Schwarte
- 3 EL Standard Grillgewürz (Rezept S. 190)
- 1 EL Thymian, getrocknet
- 1 EL Palmzucker
- ½ TL Chilipulver
- 3 EL Olivenöl
- Salz & Pfeffer zum Abschmecken
- Olivenöl für das Finish
- Kirschholz für die Sidefirebox

Den Thymian, das Chilipulver und den Palmzucker mit dem Grillgewürz vermischen. Die Schwarte des Rückens im Abstand von 1 cm bis zum Fleisch einschneiden. Das Ganze nun mit Olivenöl einreiben und danach kräftig mit der Gewürzmischung würzen. Bei 110–120 °C auf dem Smoker ca. 2 Stunden bis zu einer Kerntemperatur vom 60 °C smoken. Danach vom Knochen lösen und in etwa 2–3 cm dicke Scheiben schneiden. Vor dem Servieren mit Salz, Pfeffer und Olivenöl würzen.

ENDE GUT, ALLES GUT

ANANAS MIT AMARETTI UND MINZE

- 4 Scheiben Ananas
- 4 EL Palmzucker
- 50 ml brauner Rum
- 4 EL Amaretti
- 250 g Magerquark
- 1 Zitrone, Saft
- 1 EL Minze, fein gehackt
- 2 Handvoll Obstholz (Pflaume, Kirsche oder Aprikose)

Die Amaretti fein zerbröseln und mit dem Quark, der Minze, 1 EL Palmzucker und dem Zitronensaft vermischen. Die Ananas mit 3 EL Palmzucker bestreuen, etwas Rum darübergießen und etwa 2 Stunden marinieren. Danach im BBQ-Smoker 20 Minuten bei 80 °C räuchern. Anschließend in der Feuerbox auf einer Grillplatte beidseitig grillen, bis sie weich ist, mit einem Schuss der Marinierflüssigkeit übergießen und flambieren. Mit dem Quark servieren.

ERDBEEREN MIT MARSHMALLOWS

- 8 große, reife Erdbeeren
- 8 Marshmallows
- 1 TL schwarzer Pfeffer, grob zerstoßen
- 2 EL Karamellkekse, zerstoßen
- 8 kleine Bambusspieße
- 1 Holzbrettchen
- 2 Apfel-Chunks

Die Erdbeeren von den Stielen befreien, die Spitzen kappen und mit etwas Pfeffer bestreuen. Jeweils einen Marshmallow mit einem Spieß auf der Erdbeere befestigen. Am besten auf ein Holzbrettchen stellen und auf dem Smoker bei 140 °C im Apfelrauch ziehen lassen, bis die Marshmallows schmelzen und über die Erdbeeren zu rinnen beginnen. Mit den zerstoßenen Keksen bestreuen.

Das mit den Marshmallows und mir ist so eine Geschichte. Ich finde die BBQ-Kultur, die über den großen Teich zu uns herübergeschwappt ist, wirklich wahnsinnig gut. Doch bin ich der Meinung, dass man unsere Grill- mit der BBQ-Kultur mischen sollte. Also die Technik von drüben, die Lebensmittel von uns. Ich wehrte mich lange erfolgreich gegen meine Kinder, die unbedingt Marshmallows am Stock auf dem offenen Feuer grillen wollten. Für mich gehört eine Wurst, Stockbrot, ein Steckerlfisch oder ein Apfel auf den Stock, einfach etwas, das bei uns verwurzelt ist. Irgendwann kaufte ich meinen Söhnen die süßen Dinger, wehrte mich aber vehement, sie zu probieren. Doch das Ahh und Mhhh der beiden hat mich doch neugierig gemacht und ich probierte die Marshmallows heimlich, um mein Gesicht nicht zu verlieren. Und siehe da. Saulecker. Irgendwann setzte ich mich nach einem Grillabend zu ihnen ans Feuer und hielt auch einen Stock mit dem süßen Zeug ins Feuer. Im Augenwinkel merkte ich, wie mein jüngerer Sohn den älteren schubste und beide zu kichern anfingen …

SCHOKOBANANE

- 4 Bananen
- 4 Riegel Nougatschokolade
- 4 EL Whisky
- 6 Bambusspieße
- Buchenholz für die Sidefirebox

Jeweils 2 Bananen so nebeneinander hinstellen, dass der Strunk nach oben schaut. Nun einen Spieß durch beide Strünke stoßen, dann fallen die Bananen nicht um. Mit einem kleinen Messer die Bananenschale in Form und Länge der Schokoladenriegel an drei Seiten öffnen, aber nicht abschneiden, die Schale nach oben rollen und mit einem Spieß fixieren. Das Fruchtfleisch so tief und lang einschneiden, dass man die Schokolade hineinstecken kann. Den Whiskey über die Schokolade gießen und die Bananen im Smoker etwa 20 Minuten bei 120 °C smoken, bis die Schokolade geschmolzen und das Fruchtfleisch weich ist.

Schokobanane ist ein Dessert, das auf keiner Grillparty fehlen darf. Aromatisiert mit Rauch und Whiskey erlebt dieser Klassiker ein verdientes Revival.

ROAST'N ROLL
GRILL
TOM's
WERKSTATT
FOREVER

LODGE

GEDECKTER APFELKUCHEN AUS DEM BBQ-SMOKER

- 1 Packung Mürbeteig (Fertigprodukt, ca. 250–300 g)
- 3 Äpfel, entkernt und in feine Scheiben geschnitten
- 200 g Haselnüsse, gemahlen
- 1 EL Rosinen
- 3 EL brauner Zucker
- 1 Ei
- 60 ml guter Obstler
- 2 EL Butter
- Apfelholz für die Sidefirebox

Eine Gusspfanne (oder den Deckel des Dutch Ovens) mit Butter einfetten. Nun die Pfanne mit dem Mürbeteig auslegen. Die Nüsse mit den Rosinen vermischen und zusammen mit den Apfelscheiben auf dem Teig verteilen. Mit dem Zucker bestreuen und mit dem Obstler benetzen. Das Ganze mit dem restlichen Teig abdecken. Das Ei in einer Tasse verquirlen und den Teigdeckel mit dem Ei einstreichen. Im Smoker bei 150 °C ca. 1½ Stunden smoken, bis der Teig durchgebacken ist.

Mein Onkel Josef, von allen liebevoll „Josch“ genannt, wohnt in Senftenberg, einem kleinen Ort im Weinbaugebiet Kremstal. Er ist stolzer Besitzer mehrerer Marillenbäume, nördlich von Österreich und Bayern besser bekannt als Aprikosen. Neben köstlicher Konfitüre zaubert er auch einen vorzüglichen Brand aus den sonnengereiften Früchten.

FLAMBIERTE APRIKOSEN AUS DEM BBQ-SMOKER

- 8 Aprikosen
- 50 ml Aprikosenbrand
- 250 g Magerquark
- 2 EL Aprikosenkonfitüre
- 10 Butterkekse
- 1 EL Puderzucker
- 1 Handvoll Aprikosenholzspäne

Die Aprikosen halbieren, entkernen und im BBQ-Smoker 5 Minuten bei 80 °C smoken. Die Butterkekse zerbröseln und mit der Konfitüre, dem Quark und dem Puderzucker verrühren. Die Aprikosen nun in der Sidefirebox auf einer heißen Gussplatte mit der Schnittseite nach unten 4–5 Minuten grillen. Die exakte Grillzeit hängt davon ab, wie reif die Früchte sind. Anschließend mit dem Aprikosenbrand übergießen und vorsichtig anzünden. Die flambierten Früchte zusammen mit dem Quark servieren.

ROAST'N ROLL
GRILL
TOM's
WERKSTATT

SCHOKOKUCHEN

- 100 g Butter
- 100 g Zartbitterschokolade (66 % Kakaoanteil)
- 3 Eier
- 120 g Zucker
- 40 g Mehl
- 1 Handvoll Pflaumenholzspäne
- Silikon-Soufflé-Förmchen

Die Butter und die Schokolade bei geringer Temperatur im Dutch Oven schmelzen. Die Eier und den Zucker mit dem Schneebesen des Handrührgerätes in einer Metallschüssel über einem heißen Wasserbad aufschlagen, bis sich das Volumen verdoppelt hat. Die Schoko-Buttermasse langsam dazugießen und gründlich vermengen. Das Mehl mit einem Schneebesen unter den Teig ziehen.
Die Masse bis etwa 1 Fingerbreit unter den Rand der Silikon-Soufflé-Förmchen füllen und ca. 3 Stunden gefrieren.
Die angefrorenen Schokoküchlein im vorgeheizten Kamado bei indirekter Hitze (200 °C) und mit Einsatz der Räucherspäne etwa 15 Minuten smoken. Anschließend stürzen und sofort warm servieren.

GEWÜRZMISCHUNGEN

STANDARD GRILLGEWÜRZ (GRUNDGEWÜRZMISCHNUNG)

Je ⅓ gutes Salz, Curry (nach Geschmack scharf) und Paprikapulver (kann auch geräuchert – also Pimentón – oder scharf sein) gründlich miteinander vermischen. Eine Universalwürzmischung für alle gegrillten Fleischgerichte.

LAMMGEWÜRZ

1 TL getrockneter Knoblauch, gemahlen | 1 TL getrocknete Zwiebel, gemahlen | 1 TL Bohnenkraut, gemahlen | 1 TL Rosmarin, gemahlen | 1 TL brauner Zucker | 1 TL Oregano, gemahlen

BASIS-BBQ-GEWÜRZMISCHUNG

2 EL Paprikapulver | 1 EL Salz | 1 TL Senfpulver | 1 EL brauner Zucker | 1 TL Kreuzkümmel | ½ TL Chilipulver | 1 TL Knoblauchpulver | 1 TL Cayennepfeffer | 1 TL Selleriesamen, gemahlen | 2 EL Currypulver

FISCHGEWÜRZ

1 EL Salz | 1 TL Orangenabrieb | 1 TL Zitronenabrieb | 1 TL Dillspitzen | ½ TL Bockshornklee, gemahlen | ½ TL schwarzer Pfeffer, gemahlen | ½ TL Koriander, gemahlen | ½ TL weißer Pfeffer, gemahlen

GEFLÜGELGEWÜRZ

6 EL Standard Grillgewürz | 1 EL Rosmarin, gemahlen |
1 TL getrockneter Knoblauch, gemahlen | 1 EL Bohnenkraut, gemahlen

WILDGEWÜRZ

6 EL Standard Grillgewürz | 2 TL wilder Oregano, gemahlen | 2 TL Rosmarin, gemahlen |
1 TL Kardamom, gemahlen | ½ TL Anis, gemahlen | 1 TL rosa Beeren, zerstoßen |
1 TL Wacholderbeeren, gemahlen | 1 TL Lorbeerblätter, gemahlen | 2 TL Garam Masala

BASIS-BBQ-SAUCE

500 ml Ketchup | 2 TL Salz | 1 TL schwarzer Pfeffer, gemahlen | 2 TL Zwiebelpulver |
2 TL Knoblauchpulver | 1 Zwiebel, fein gehackt | 30 ml Whisky | 1 TL Kreuzkümmel |
1 ½ EL Pimentón | 1 ½ EL Curry | 1 TL Chilipulver | 2 EL Olivenöl | 2 EL Palmzucker |
2 EL Soja-Sauce

Die Zwiebel in Olivenöl anschwitzen und mit Whiskey ablöschen. Den Ketchup zusammen mit den übrigen Zutaten beigeben und bei kleiner Hitze etwa 1 Stunde einkochen lassen.

SALZZITRONEN

4–6 Bio-Zitronen, je nach Größe
400 g grobes Meersalz
1 großes Einweckglas, ca. 2 l Inhalt

Das Glas bei 120 °C im Backofen sterilisieren und dann mit den gewaschenen und trocken getupften Zitronen füllen. Etwa 1 ½ Liter Wasser zum Kochen bringen und das Salz darin auflösen. Nun das kochende Wasser über die Zitronen geben und das Glas vollständig mit dem Salzwasser füllen. Gut verschließen und auf den Kopf stellen. An einem kühlen Ort ca. 3–4 Wochen durchziehen lassen – fertig.

Bei unserem alljährlichen Grillseminarwochenende in Gera stellten mir Brit und Thomas den **Metzger Heyer** aus Werdau vor. Seine Art, Fleisch zu verarbeiten hat mich sehr beeindruckt – das Fleisch respektvoll gehaltener Tiere. Sein Mut, mit Traditionen zu brechen, hat mir sehr imponiert. Wer den Stellenwert der liebevoll als Roster bezeichneten Bratwürste kennt, weiß, was ich meine. Besonders angetan hat es mir seine mediterrane Bratwurst. Die Grundmasse der Thüringer Rostbratwurst wird mit schwarzen Oliven und Schafskäse angereichert und in einen Naturdarm vom Schaf gefüllt. Sie eignet sich wunderbar zum Räuchern und natürlich zum Grillen oder auch für beides gemeinsam. Das Rezept steht auf Seite 150.

Der junge Mann auf dem Bild ist **Stefan** – für mich der Inbegriff des Fleischessers. Er begleitet mich bei meinen Veranstaltungen als Fotograf und lässt mich auf den Bildern stets gut ausschauen, was ehrlich gesagt nicht immer ganz einfach ist. Mit Stefan war ich schon auf etlichen internationalen Meisterschaften, einmal sind wir sogar zusammen bis Marokko gefahren. Alleine dieser Trip hätte genug Stoff für ein Buch … Wenn er mal für uns grillt, ist das Hauptgericht gesetzt: Fleisch.

Oli, Nore, Stefan und Reinhard sind treue Besucher meiner Smokerseminare und haben sich ganz der Grill- und BBQ-Kultur verschrieben. Sie nennen Smoker und Kamados ihr Eigen, um so oft wie möglich ihrem Hobby frönen zu können.

Lukas, Elias und **Paul** schauen immer wieder gerne beim Fotoshooting vorbei, um das Ergebnis zu probieren. Wie man auf dem Foto unschwer erkennt, war das Pulled Pork ganz lecker.

Vor einiger Zeit lernte ich den Metzger **Heiko Brath** aus Karlsruhe kennen. Heiko und ich verstanden uns auf Anhieb, sind wir doch beide Genussmenschen und haben Respekt vor Tieren. Inzwischen machen wir zusammen Grillseminare und sind immer wieder erstaunt, wie wir uns blind verstehen und unsere Gerichte problemlos kombinieren können.

Andreas Borde produziert in seiner kleinen Manufaktur sehr innovative Rubs, Chutneys, Pfeffermischungen, Saucen ... Bei der Produktion des Buches habe ich ihm das Pulled Lamb in die Hand gedrückt. Es hat ihm offensichtlich nicht schlecht geschmeckt ...

Thorsten Pistol ist Wallerzüchter und gleichzeitig ein begnadeter Foodscout aus der Nähe von Osnabrück. Uns beide verbindet eine Leidenschaft: tolle, ehrliche Lebensmittel ohne Schnörkel. Bevor ich Pistole, wie ich ihn nenne, kennenlernte, war ich wahrlich kein Freund des Wallers, weil ich bis dato keine richtig prickelnden Erfahrungen mit diesem Fisch gemacht hatte. Aber der Waller von Pistole ist echt eine Wucht. Die Qualität hat mich sofort überzeugt. Ein schöner Nebeneffekt ist der Beifang – Pistole liefert die Wallerleber gleich mit.

Noch mehr **GRILLSPASS** bei **HEEL**

Diese und mehr Bücher zum Thema erhalten Sie in jeder Buchhandlung und unter ***www.heel-verlag.de***

www.facebook.com/heelverlag

New BBQ Burger
144 Seiten,
ca. 100 Farbfotos,
200 x 257 mm, gebunden
€ (D) 19,99
ISBN: 9783958433205

Draussen Kochen
144 Seiten,
zahlreiche Farbfotos,
203 x 254 mm, Paperback
€ (D) 19,99
ISBN: 9783958432277

Vegetarisch Grillen
ca. 200 Seiten,
zahlreiche Farbfotos,
210 x 260 mm, gebunden
€ (D) 24,99
ISBN: 9783958430389

Wild Grillen
ca. 176 Seiten,
zahlreiche Farbfotos,
210 x 260 mm, gebunden
€ (D) 24,99
ISBN: 9783868529326

Wintergrillen
144 Seiten, 138 Farbfotos,
210 x 260 mm, gebunden
€ (D) 19,99
ISBN: 9783868527834

Steven Raichlens Barbecue Bible
ca. 354 Seiten, 183 x 225 mm,
zahlreiche Farbfotos, gebunden
€ (D) 29,95
ISBN: 9783958430525

Der Kugelgrill
240 Seiten, zahlreiche Farbfotos,
223 x 260 mm, gebunden
€ (D) 24,99
ISBN: 9783868529173

Grill- und Chilisaucen
80 Seiten, zahlreiche Farbfotos,
163 x 210 mm, Paperback, mit
Klebeetiketten zum Beschriften
€ (D) 9,99
ISBN: 9783868526844

Das große Smoker-Buch
160 Seiten, zahlreiche Farbfotos,
250 x 308 mm, gebunden
€ (D) 29,90
ISBN: 9783868522877

Smoker-Praxis
160 Seiten, zahlreiche Farbfotos,
250 x 308 mm, gebunden
€ (D) 29,95
ISBN: 9783868526141

Die Smoker-Bibel
432 Seiten, 190 x 230 mm,
gebunden
€ (D) 29,95
ISBN: 9783868525441

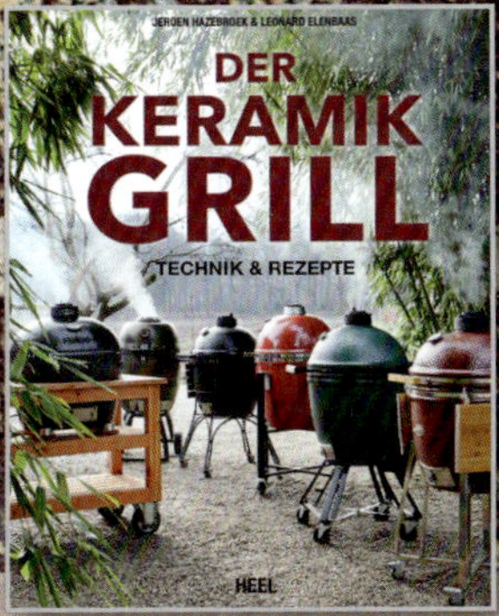

Der Keramikgrill
ca. 160 Seiten, zahlreiche Farbfotos,
210 x 260 mm, gebunden
€ (D) 29,95
ISBN: 9783958430495

Keramikgrill
Die besten Rezepte
ca. 224 Seiten, zahlreiche Farbfotos,
210 x 260mm, gebunden
€ (D) 29,95
ISBN 978-3-95843-235-2

Texas Smoker
224 Seiten, zahlreiche Farbfotos,
213 x 243 mm, gebunden
€ (D) 29,95
ISBN 978-3-95843-217-8

American Smoker
232 Seiten, zahlreiche Farbfotos,
213 x 243 mm, Flexicover
€ (D) 24,99
ISBN: 9783868527902

Das große Watersmoker Buch
160 Seiten, zahlreiche Farbfotos, 250 x 308 mm, gebunden
€ (D) 29,95
ISBN: 9783958430372

Das kleine Smoker-Buch
80 Seiten, 40 Farbfotos,
183 x 225 mm, Paperback
€ (D) 9,99
ISBN: 9783868526813

DANKE …

… meiner lieben Frau Claudia und meinen Jungs Lukas und Elias – Ihr seid das Wichtigste und Beste für mich, …
… Christine Birnbaum für die tolle Zusammenarbeit und die Umsetzung dieses Buches, …
… Markus Gmeiner für die unvergleichliche Art, meine Gerichte zu fotografieren, …
… Sibylle und Hannes Tiefenthaler für Euren Support mit einzigartiger Tableware und …
… Heiko, Stefan, Norbert, Reinhard, Oliver, Thomas, Brit, Pistole und Andreas – dafür, dass Ihr Teil dieses Buches seid.

TOM ARBEITET MIT …

Appenzeller Alpenbitter – www.appenzeller.com
Efthimios Christakis Olivenöl – www.christakis.de
MC Brikett Kohle – www.mcbrikett.de
Metzgerei Brath – www.partyservice-brath.de
Metzgerei Der Ludwig – www.der-ludwig.de
Mohrenbräu – www.mohrenbrauerei.at
Monolith Grill – www.monolith-grill.de
Rochini Finest Tabletop – www.rochini.at
Rumo BBQ – www.rumobbq.de
Torsten Pistol Hardcore Food – www.pistole.co

Impressum

HEEL Verlag GmbH
Gut Pottscheidt
53639 Königswinter
Tel.: 02223 9230-0
Fax: 02223 9230-13
E-Mail: info@heel-verlag.de
Internet: www.heel-verlag.de

2. Auflage 2016

Fotos: Markus Gmeiner
Bildbearbeitung: Armin Kofler
Projektleitung: Christine Birnbaum
Gestaltung und Satz: Ralph Handmann und Chrissi Mertens

Printed in Slovakia

ISBN 978-3-95843-149-2